Ernst Modersohn
Er führet mich auf rechter Straße

Ernst Modersohn

Er führet mich auf rechter Straße

R. BROCKHAUS

R. Brockhaus Taschenbücher Bd. 194

Gekürzte Taschenbuchausgabe

5., überarbeitete Taschenbuchauflage 1995

Umschlaggestaltung: Carsten Buschke, Solingen
Umschlagfoto: Mehlig – ZEFA, Düsseldorf
Gesamtherstellung: Breklumer Druckerei Manfred Siegel KG
ISBN 3-417-20194-2
Bestell-Nr. 220 194

INHALT

VORWORT

Während ich 1940 in Bad Blankenburg im Harfe-Verlag und in seiner Familie miterlebte, wie Ernst Modersohn zu seinem 70. Geburtstag seine Lebenserinnerungen herausgab, konnte ich nicht ahnen, daß dieses Buch nach 55 Jahren immer noch gefragt ist. Während des Krieges mußte ich – als Leiterin des Verlages – notwendige Neuauflagen heimlich (ohne erforderliche Genehmigung durch die NS-Regierung) drucken lassen.

Über sein besonderes Erleben von 1940–1946 (Gestapo-Haft, Reise- und Redeverbot, sowie erneuter Diensteinsatz ab Mai 1945) hat der Verfasser für eine Neuauflage noch geschrieben, jedoch das Erscheinen, das erst im Frühjahr 1948 möglich wurde, nicht mehr erlebt. Am 2. Februar 1948 hat Gott seinem emsigen Schaffen ein Ende gesetzt. Über den Heimgang seines Vaters – und im gleichen Jahr seiner Mutter – hat der Sohn Alfred Modersohn 1949 in diesem Buch berichtet. Und für diese Ausgabe 1995 hat die noch lebende Tochter Marie-Luise aus ihrer Sicht etwas über das Leben und Wirken ihres Vaters geschrieben.

Daß Ernst Modersohns Bücher jetzt – 47 Jahre nach seinem Tod – immer noch eine segensreiche Aufgabe erfüllen – 20 Titel von ihm sind zur Zeit auf dem Evangelischen Buchmarkt in Deutschland und in der Schweiz – sei dankbar festgestellt. Eine Erklärung hierzu sehe ich in seinem Anliegen, bedingungslos die Botschaft vom Heil in Christus zu predigen, und mit den Aufzeichnungen aus seinem Leben die Wunder durch die Führungen Gottes deutlich zu machen. Dieser Dienst geschieht zur Ehre Gottes und will die Leser ermutigen, sich ebenfalls vertrauensvoll von Gott führen zu lassen: Tag für Tag.

Daß er mit seiner Verkündigung – und auch dieses Buch zähle ich dazu – tatsächlich noch den Menschen von heute anspricht, zeigt mir, welche wichtige Bedeutung es hat, wenn das gepredigte und geschriebene Wort mit dem praktischen Leben übereinstimmt. Das habe ich zu seinen

Lebzeiten durch viele Jahre in seinem Haus beobachten können.

Ich bin überzeugt, daß auch dieses Buch weiter seine Aufgabe erfüllen und den Lesern zum Segen werden wird, so wie es Ernst Modersohn stets für alle seine Veröffentlichungen von Gott erbeten hat.

Gerda Zottmaier

In Soest

In der Stadt Soest, nahe dem Wall, der die Stadt umgibt, in der alten Straße, die »Stiefernberg« heißt, hat meine Wiege gestanden.

Zwei Gestalten sind es, die in meiner allerersten Erinnerung zusammenwirken wie in meiner ganzen Kindheitszeit. Das ist einmal: meine Mutter – und dann: der Herr Jesus.

Inmitten der Stadt liegt »der große Teich«, der auch im Winter nicht zufriert, weil er verborgene warme Quellen hat. Daran lagen im Sommer und Winter die Wäscherinnen, die mit flachen, hölzernen Hämmern auf die Wäsche schlugen.

An diesem Teich stand eines Tages ein kleiner Junge, etwa drei Jahre alt. Die Mutter hatte ihn wohl der Fürsorge des älteren Bruders oder der Schwester übergeben, weil sie selber in den Garten gehen mußte, draußen vor der Stadt. Und nun haben die Geschwister nicht achtgegeben, der kleine Junge steht am großen Teich und weint nach seiner Mutter.

»Wem gehört das Kind?« fragen die Wäscherinnen, die auf ihn aufmerksam geworden sind. Man könnte meinen, es sei ein kleiner Neger, so schmutzig sieht er aus. Erst hat er im Staub der Straße gespielt und gewühlt und dann hat er sich mit den schmutzigen Händen die Tränen abzuwischen versucht. Aber endlich erkennt ihn doch eine der Wäscherinnen. »Der gehört in den Stiefernberg«, erklärt sie und nimmt den Jungen bei der Hand und bringt ihn nach Hause. Da kommt auch die Schwester in Sorge um den kleinen Bruder gelaufen.

Dieser verlorene Sohn war ich. Dieses Verlorensein hat nicht lange gedauert. Aber eine Erinnerung daran habe ich doch für das ganze Leben behalten, als ich erkannte: »Ich bin verloren!«

Jahre später, da habe ich dieses Gefühl wieder gehabt. Aber da hat es nicht Stunden, da hat es Jahre gedauert. Das war zu der Zeit, als mir meine Professoren den Kinderglauben genommen und mir nichts dafür wiedergegeben hatten als das Bewußtsein, in die Wissenschaften eingedrungen zu sein. Aber davon wurde ich nicht satt. Davon konnte ich nicht leben.

Wie war da die Mutter erschrocken über ihren verlorenen Sohn! Wie hat sie da ihre Hände gefaltet, daß Gott ihren Jüngsten doch wieder zurechtbringen möchte! Und Gott hat es in großer Gnade und Barmherzigkeit getan. So ist auch dieses traurige Verlorensein vorübergegangen, genau wie damals am großen Teich.

Seitdem ist es mir zur Lebensaufgabe geworden, verlorene Söhne und verirrte Töchter zu suchen, um sie an das Vaterherz Gottes nach Hause zu bringen.

Mutter, daß ich kein verlorener Sohn mehr bin, das verdanke ich auch dir und deinem Gebet. Dafür danke ich dir, solange ich lebe und in Ewigkeit.

Sie stammte aus altem, kleinbürgerlichem Geschlecht, das Heidebrink hieß. Ihre früh verwitwete Mutter ernährte sich und ihre Kinder dadurch, daß sie einen kleinen Laden aufmachte.

Und der Vater? Der stammte aus Lippstadt, wo noch heute der Name Modersohn sehr verbreitet ist. Er entstammte einer Lohgerberfamilie, die seit Jahren in Lippstadt wohnte. Ursprünglich saß die Familie in Münster in Westfalen. Zur Zeit der Wiedertäuferunruhen waren verschiedene Träger des Namens Ratsherren aus den Gilden. Eine der sechzehn Frauen Jan van Leydens, des »Königs von Zion«, hieß Margarete Modersohn. Als der Bischof die Stadt erobert hatte, wanderte die Familie aus und zog nach Geseke, von wo sie dann nach Lippstadt übersiedelte. –

Mein Vater hatte von Jugend an den Wunsch, Theologie zu studieren und Pastor zu werden. Aber er hatte eine schwache Lunge, darum riet der Arzt, den Plan aufzugeben. Das viele Sitzen würde ihm nicht zuträglich sein, er müsse einen Beruf erwählen, bei dem er viel in der frischen Luft sein könne. So wählte denn mein Vater das Baufach, das er von unten auf erlernte. Er wurde Bauführer und Bauunternehmer, baute Häuser und, weil damals viele Bahnen gebaut wurden, auch Eisenbahnen und Bahnhöfe.

Nachdem die Eltern im Anfang ihrer Ehe viel hin und her gezogen waren, lebten sie nun in Soest, der Heimat der Mutter, wo mein Vater als Baumeister tätig war.

Ich war der Jüngste. Drei Brüder und eine Schwester waren vor mir da. Von den drei Brüdern starb einer vor meiner Geburt als kleiner Junge an der Bräune. Nach diesem schmerzlichen Verlust war die Freude groß, als fünf Jahre nach meinem Bruder Otto der kleine Ernst als Nachkömmling geboren wurde.

Aber jüngste Kinder bekommen leicht eine Last mit ins Leben, die auch mir nicht erspart geblieben ist. Weil sie die Jüngsten sind, werden sie von den älteren Geschwistern oft geduckt, und so entsteht leicht ein Minderwertigkeitsgefühl, eine gewisse Schüchternheit. Die habe ich aus meiner Kindheit mit ins Leben genommen. Die habe ich, wie meine Kinder immer wieder klagen, auch ihnen vermacht.

Vielleicht hat gerade dies Minderwertigkeitsgefühl dabei mitgewirkt, daß ich mich um so eher und früher zum Glauben an Jesus Christus entschied. Gott weiß ja alles zu gebrauchen und uns zum Segen zu machen.

Erziehungsfragen

Meine Mutter war eine gute Erzieherin, das muß ich sagen. Ich habe viel von ihr für meine Kindererziehung gelernt.

Als ich vier Jahre alt war, übersiedelten meine Eltern in das »nordische Rom«, nach Münster, wo mir meine Mutter schon frühzeitig den ersten Unterricht geben mußte über die Unterscheidungslehren der beiden großen Konfessionen. Aber auch in kleinen Dingen des Alltags war sie eine großartige Erzieherin.

Jedes Jahr zu Ostern bekamen wir einen neuen Anzug. Der wurde ein Jahr lang als Sonntagsanzug getragen und dann ein Jahr lang als Werktags- und Schulanzug. Und mit diesem neuen Sonntagsanzug stieg mein Bruder Otto auf den alten Mispelbaum im Garten – und riß ein großes Loch hinein.

Gedrückt schlichen wir ins Haus, um der Mutter den

Schaden zu zeigen. Die Mutter erschrak wohl auch über den bösen Riß. Aber sie sah, daß der Junge schon genug gestraft war. Mußte er doch nun ein ganzes Jahr lang mit einem geflickten Sonntagsanzug gehen und dann noch ein ganzes Jahr lang mit einem geflickten Alltagsanzug! Sie nahm Nadel und Faden und besserte den Schaden aus. Das verstand sie so gut, daß der Vater gar nichts davon merkte.

So half uns manchmal die Mutter, daß es der Vater nicht merkte. Nicht, als ob sie in der Erziehung nicht eins mit ihm gewesen oder als ob sie in der Erziehung schwach gewesen wäre, o nein! Aber sie dachte: Wenn der Vater nach Hause kommt, dann möchte er doch gern ein behagliches, zufriedenes Heim haben. Was nutzt es, wenn ich ihm alles sage, was die Kinder heute getan haben? Die Sache ist ja schon gestraft!

Und so brachte sie zuwege, was viele Frauen nicht fertigbringen: daß es dem Vater nirgends so gut gefiel wie zu Hause, daß er sich allemal freute, wenn er das Dach seines Hauses aus dem Grün der Bäume auftauchen sah. So brachte sie es dahin, daß wir ein Familienleben hatten, wie es wohl nicht oft zu finden ist. Wenn meine Kindheit so sonnig war, dann danke ich das meiner geliebten Mutter.

Mein Vater war ein ernster und strenger Mann. Eine Geschichte hat sich mir tief eingeprägt. Damals habe ich die Handlungsweise meines Vaters wohl schwer und schmerzlich empfunden. Aber hinterher bin ich ihm auch dafür dankbar geworden.

Ich weiß nicht mehr, in welcher Klasse ich damals war. Ich hatte kein gutes Weihnachtszeugnis bekommen, hatte wohl zu viel Zeit auf meine Briefmarkensammlung verwendet, die damals meine Hauptliebhaberei war. Nun waren die Leistungen in einigen Fächern zurückgegangen.

Das verdroß meinen Vater. Er gab mir das Buch, das ich mir zu Weihnachten gewünscht hatte, noch geradeso eingewickelt, wie es von der Buchhandlung gekommen war, und sagte: »Das bringst du wieder fort in die Buchhandlung von Obertüschen in der Ludgeristraße. Dieses Jahr gibt's kein Buch zu Weihnachten!« Und ich mußte den sauren Gang tun und selber das Buch wieder forttragen.

Er hatte kein hohes Gehalt, aber als sein ältester Sohn den Wunsch äußerte, Jura zu studieren, da erfüllte der Vater bereitwilligst den Wunsch. Meine Schwester wollte gern Lehrerin werden. Auch das gewährte der Vater. Dann zeigte sich bei meinem Bruder, daß er für nichts anderes so begabt war wie für die Malerei, dafür aber hervorragend. Da reiste mein Vater mit ihm nach Düsseldorf und ging zu dem Professor für Landschaftsmalerei an der Kunstakademie. Als der die Studien meines Bruders sah, sagte er zu meinem Vater: »Sie können machen, was Sie wollen – Ihr Sohn wird Maler. Dafür hat er ein ausgesprochenes Talent.« Und der Vater gab auch dazu seine Einwilligung. Es war ein sehr langes Studium, und er mußte meinen Bruder lange unterhalten, bis dieser dann durch eine bedeutende Ausstellung ein bekannter und berühmter Maler wurde. Aber es wurde dem Vater nie zuviel, Opfer für die Ausbildung seines Sohnes zu bringen.

Und als ich dann die Schule durchgemacht hatte, war er auch damit einverstanden, daß ich studierte und das werden durfte, wozu Gott mich bestimmt hatte.

So hat er als ein weiser Vater alle seine Kinder das werden lassen, wozu ihre Veranlagung sie berufen hatte, und er hat jedes Opfer dafür willig und gern gebracht.

Das haben wir ihm schon bei Lebzeiten immer wieder gedankt. Das danke ich ihm noch jetzt, da er nun schon lange an der Seite meiner Mutter auf dem Friedhof zu Münster in der Gewißheit der Auferstehung ruht.

Und wenn ich so zurückblicke, dann muß ich Gott danken, der mir ein solches Elternhaus gegeben hat, in dem der Friede wohnte und die Liebe regierte. Gott hat aber auch wunderliche Erzieher, wie es z. B. mein Klassenlehrer, oder wie wir sagten, mein Ordinarius auf der Untersekunda war.

Das Jahr brach an, in dem ich zu Ostern konfirmiert werden sollte. Da kam an einem der ersten Januartage ein Brief an meinen Vater, der gerade verreist war. Weil der Brief wie eine Rechnung aussah, machte meine Mutter ihn auf. Mein Klassenlehrer schrieb, mein Vater möchte einmal zu ihm kommen, »da es sich um eine Tatsache handelt, die sehr leicht das Verbleiben Ihres Sohnes Ernst auf dem hiesigen Gymnasium unmöglich machen kann. Ich gebe Ihnen anheim, ob Sie Ihren Sohn mitbringen wollen oder nicht«. Ich weiß den Wortlaut noch heute auswendig, so tief hat er sich mir eingeprägt.

»Was hast du denn gemacht?« fragte meine Mutter. »Ich bin mir nichts bewußt«, sagte ich. »Junge, du mußt doch etwas gemacht haben!« sagte mein ältester Bruder, der damals Gerichtsassessor war. »Ich weiß von nichts«, entgegnete ich.

Es wurde beschlossen, daß wir nicht warten wollten, bis mein Vater zurückkäme, sondern daß mein Bruder am selben Tage mit mir hinginge.

Mein Bruder fragte den Ordinarius, was denn geschehen sei. »Ihr Bruder«, antwortete er, »hat mir zu Neujahr eine Anzahl von gemeinen Witzkarten geschickt, auf denen mir alles vorgeworfen wird, vielleicht mit Ausnahme, daß ich gestohlen oder gemordet hätte.« »Auf Ehre und Gewissen, das habe ich nicht getan«, unterbrach ich ihn. »Hat ein solcher Mensch überhaupt Ehre und Gewissen?« erklärte er mit schneidendem Hohn in der Stimme. Dann wurde ich aus dem Zimmer verwiesen, da der Lehrer mit meinem Bruder allein sprechen wollte.

In mir kochte es. Und doch war ich so froh in dem Bewußtsein, daß die Beschuldigung ganz unbegründet war.

Nach einiger Zeit kam mein Bruder heraus, in großer Erregung. »Junge, du hast es doch getan!« herrschte er mich an. »Willy, ich habe es bei Gott nicht getan!« »Hast du es bestimmt nicht getan?« »Nein, Willy, ich wußte von der ganzen Sache nichts!«

Der Lehrer hatte ihm gezeigt, daß meine Schrift in meinen Heften mit der Schrift auf den Karten übereinstimmte, wenn diese auch mit verstellter Handschrift geschrieben waren.

Meine Mutter glaubte mir gleich, als ich ihr sagte, daß ich in der Sache völlig unschuldig sei. Und mein Vater auch, der in der Nacht zurückgekehrt war und dem man es am andern Tage sagte.

Aber nun begann eine schwere Zeit für mich. Der erste

Blick des Lehrers, wenn er in die Klasse kam, traf mich. Und man sah es ihm an, wie ihn mein Anblick jedesmal erregte. Ich war bis dahin kein schlechter Schüler gewesen. Ich hatte zu den Besten der Klasse gehört. Nun war ich mit einem Male einer der schlechtesten. Ob ich mündlich drankam oder ob ich eine Arbeit zu schreiben hatte, immer bekam ich »ungenügend«.

Mein Vater wollte die Sache nicht einfach hingehen lassen. Es kam aber bei der Untersuchung nichts heraus. Als das Schuljahr um war, stand auf meinem Zeugnis der Vermerk: »Nicht versetzt.« So hat mich diese Geschichte ein Jahr meines Lebens gekostet, und nie hat sich der Täter gemeldet!

Viele Jahre waren vergangen. Ich war Pastor geworden. Da war ich zu Besuch in Münster. Ich steige in die Elektrische, in der niemand sitzt außer meinem damaligen Ordinarius. Ich grüße und setze mich neben ihn. »Sie werden sich meiner wohl nicht mehr erinnern: Ich heiße Modersohn, Pastor Modersohn. Ich möchte Sie nur fragen, Herr Doktor, ob Sie noch immer der Meinung sind, daß ich damals der Täter war.« »Ich muß hier aussteigen«, sagte das böse Gewissen und verschwand an der Haltestelle, die wir gerade erreichten.

Er hat mich nicht nur um ein Jahr meines Lebens gebracht, er hat mir auch die folgenden Jahre verdorben. Ich galt als ein schlechtes Subjekt, das erst eine Gemeinheit begeht und dann nicht den Mut aufbringt, die Tat einzugestehen. Das waren schwere Jahre. Und doch bin ich dankbar dafür. Ich habe damals gelernt, einen wahren Haß zu haben gegen alle Heimlichkeiten. Dr. R. hat mich zu einem Menschen gemacht, der ein Fanatiker der Offenheit und Ehrlichkeit ist.

Im nordischen Rom

Münster ist eine sehr interessante alte Stadt.

Im Rathaus wird noch der Saal gezeigt, in dem der Friedensschluß zustande kam, der dem furchtbaren Dreißigjährigen Krieg ein Ende machte. Da liegen auch noch die Kissen, auf denen die Gesandten saßen, die den Frieden miteinander beraten und beschlossen haben.

Da werden die Käfige noch gezeigt, in denen die Leichname der drei Hauptführer der Wiedertäufer-Unruhen am Lamberti-Kirchturm aufgehängt wurden: Jan van Leyden, Knipperdollinck und Krechting. Die ausschweifende Herrlichkeit des »Königreichs Zion« hatte ein schnelles Ende gefunden, als die Truppen des Bischofs die Stadt einnahmen und die drei Rädelsführer auf dem Marktplatz mit glühend gemachten Zangen vom Leben zum Tode gebracht wurden.

Wir Evangelischen erfuhren es immer wieder, daß wir in einer katholischen Stadt lebten.

An einem Montag bewegte sich die sogenannte »Große Prozession« durch die Stadt, wenn ich nicht irre, zur Erinnerung an eine vor Jahrhunderten gnädig vorübergegangene Pestgefahr. Da wurden alle Schulen geschlossen, auch die evangelische Schule, denn es war kein Durchkommen durch die Stadt möglich, weil sich in allen Straßen zugleich die schier endlose Prozession bewegte. Und sie zu durchbrechen, um eine andere Straße zu überqueren, hatte oft sehr unangenehme Folgen.

Meine Mitschüler waren natürlich auch fast alle katholisch. Besonders denke ich an zwei Freunde, Ferdinand Hüntemann und Bernhard Schweigmann. Mit denen habe ich manches erlebt. Sie haben mir den Katholizismus so recht vorgelebt.

Ferdinand Hüntemann, der Sohn eines Schuhmachers, kam öfter am Abend zu mir. Wir arbeiteten zusammen für die Schule und besprachen auch Fragen, die uns bewegten. Dann stellte uns die Mutter wohl einen Teller mit Äpfeln ins Zimmer. Manchmal waren auch solche darunter, die eine faule Stelle hatten. Über die machte sich mein katholischer Freund mit Vorliebe her, schnitt das Faule heraus – und aß es mit Behagen, so schlecht es schmeckte, um sein Fleisch zu kasteien. Mit Staunen sah ich zu. Wohl wußte ich damals schon, daß es kein gottgefälliges Werk ist, das Faule vom Apfel zu essen; aber ich bekam doch auch hohe

Achtung vor einer Gesinnung, die so opferfreudig Unangenehmes erduldet und trägt.

Eines Tages entdeckten die beiden Freunde in meinem Bücherschrank eine kleine Schrift, welche die Unterscheidungslehre der römisch-katholischen und der evangelisch-lutherischen Kirche behandelte und nachwies, daß die evangelische Kirche auf dem Boden der Bibel stehe, während es in der katholischen Kirche viel menschliche Lehren gebe. Dieses Schriftchen nahmen sie heimlich mit nach Hause. Und nun machten sie sich daran, eine Gegenschrift zu verfassen, in der sie den Nachweis versuchten, daß die Lehre der katholischen Kirche die allein rechte sei. Feierlich wurde mir dann diese Schrift überreicht. Das konnte ich nun doch nicht unerwidert lassen! Und so setzte ich mich hin und schrieb eine eingehende Widerlegung ihrer Behauptungen. Das war das erste Buch, das ich in meinem Leben verfaßt habe. Mit Druckerschwärze hat es freilich nie Bekanntschaft gemacht.

Trotz meiner Gegenschrift und trotz der Belehrungen meiner katholischen Freunde bin ich später ein Diener der evangelischen Kirche und ein Verkünder des Evangeliums in Wort und Schrift geworden.

Gott sei Dank, der es mir immer mehr aufgeschlossen hat, daß in keinem anderen Heil ist, daß auch kein anderer Name unter dem Himmel den Menschen gegeben ist, darin wir können selig werden, als der Name Jesus Christus, hochgelobt in Ewigkeit!

Bewahrung und Gefährdung

Bewahrt und gefährdet wurde ich in jungen Jahren: durch die Kunst.

Weil die Schule uns so sehr streng hielt und uns nicht die kleinste Freiheit erlaubte, schlugen viele »über die Stränge«. Nichts war so streng verboten wie Wirtshausbesuch und heimliche Kneipereien. Aber die verbotene Frucht lockt, und so stand das Unwesen der Kneipereien in voller Blüte. Wie viele junge Menschen sind dadurch auf ein falsches Geleise gekommen und nachher versumpft und verbummelt! Davor blieb ich bewahrt, und zwar durch meine Liebe zur Kunst, zur Schriftstellerei und Dichtkunst, die sich früh bei mir regte.

Ich hungerte nach guten Werken deutscher und ausländischer Literatur. »Des Knaben Wunderhorn« und Herders »Stimmen der Völker in Liedern« verschlang ich. Besonders hat es mir damals der große Norweger Björnstjerne Björnson mit seinen Novellen angetan, ebenso sein Landsmann Henrik Ibsen. Aber auch die Literatur der Ungarn und Russen studierte ich – soweit ich sie in Reclams Universalbibliothek auftreiben konnte. Eine Nummer kostete damals nur zwanzig Pfennig. Da dachte ich mir: Wieviel mehr Genuß habe ich von dem Lesen eines solchen Buches, als wenn ich für dasselbe Geld Bier tränke!

Ich fand auch Freunde, die genauso dachten wie ich. Wir lasen nicht nur zusammen, sondern wir versuchten uns auch selber im Dichten und Schriftstellern. Es wurde irgendein Thema aufgegeben, und das mußte dann bis zur nächsten Zusammenkunft in Poesie oder Prosa behandelt werden.

Ich werde wohl erst sechzehn Jahre alt gewesen sein, als das Schreiben schon meine Liebhaberei war. Einmal in den Ferien nahm ich mir vor, an jedem Tag über ein Erlebnis, eine Stimmung oder Empfindung ein Gedicht zu machen. Die Gedichte wurden zwar später den Flammen übergeben, aber sie hatten mir doch geholfen, mich in poetischer Form auszudrücken.

Dann fing ich an, kleine Novellen und Skizzen zu schreiben. Ich bot sie den Zeitungen an. Sie wurden angenommen und abgedruckt. Wie stolz war ich, als ich das erste Honorar für meine erste schriftstellerische Leistung bekam!

Bald trat eine Zeitung an mich heran und forderte mich zu regelmäßiger Mitarbeit auf. Ich sagte schriftlich zu. Denn ich dachte: Wenn ich auf die Redaktionsstube gehe und sie sehen, daß sie es mit einem so jungen Menschen zu tun haben, dann werden sie ihr Angebot schnell zurückziehen. Aber ich irrte mich. So bekam ich Freikarten, wenn irgend etwas los war, worüber ich dann zu berichten hatte. Ich schrieb den Bericht gleich in der Nacht, so daß er am Morgen früh bei der Zeitung war und sofort gesetzt werden konnte.

Da bekam ich von der Zeitung auch den Auftrag, die Theaterberichte zu übernehmen. Und ich sagte zu! Ich bekam eine Freikarte für das Theater, so daß ich jeden Abend, wenn ich es gewollt und gekonnt hätte, ins Theater hätte gehen können. Aber das ging nun doch nicht. Ich mußte doch in den oberen Klassen tüchtig arbeiten. So stellte ich zwei Mitarbeiter an, die für mich hingingen und mir am Morgen früh den Bericht brachten, den ich dann abschrieb – Schreibmaschinen kannte man damals noch nicht, sonst wäre die Sache leichter gewesen – und der Zeitung übergab.

Aber die Sache hatte einen Haken. Durch den häufigen Theaterbesuch kam ich in eine Theaterschwärmerei hinein. Meine Gedanken waren viel im Theater und ich sah mich im Geist schon als einen großen und berühmten Schauspieler. Warum sollte ich da noch Griechisch und Latein lernen, Arithmetik und Stereometrie, die mathematischen Fächer?

So stand ich eines Tages – ich war wohl Obersekundaner – vor meinem Vater und erklärte ihm meinen Entschluß. Mein Vater fiel aus allen Wolken. »Was willst du denn werden?« fragte er. »Ich will zur Bühne gehen! Ich will Schauspieler werden!« Es gab eine erregte Aussprache zwischen uns. Mein Vater lehnte mit aller Entschiedenheit ab. Zunächst jedenfalls hätte ich auf der Schule zu bleiben und das Abitur zu machen, dann könnten wir über die Berufswahl weitersprechen, dann ständen mir alle Wege ins Leben offen.

Ohne mein Wissen ging er dann, wie ich erst später erfuhr, zu meinem Klassenlehrer, um dem meinen Plan mitzuteilen. Und der bestärkte ihn darin, die Erlaubnis zu diesem Schritt zu versagen. »Ihr Sohn«, so wiederholte mein Vater mir später, »hat das Zeug, etwas Tüchtiges zu werden, wenn er in einen Beruf kommt, der seinen Gaben und Fähigkeiten entspricht. Es wäre ein Jammer, wenn er an der Theaterklippe strandete.«

Mein Vater blieb fest, und ich danke Gott aus tiefstem Herzen dafür, daß er mein Leben damals vor der falschen Weichenstellung bewahrt hat.

Was Gott sich vorgenommen ...

Einfach ist es nicht gewesen, den Plan, den Gott mit mir und meinem Leben gemacht hatte, zur Ausführung zu bringen. An Hindernissen hat es nicht gefehlt.

Der Konfirmandenunterricht bot mir keine tieferen Eindrücke. Wohl hatten wir einen bibelgläubigen Pfarrer, der später Professor an einem Predigerseminar wurde; aber von der Notwendigkeit der Bekehrung hat er uns nichts gesagt. Ich habe das gelernt, was er uns aufgab, damit war die Sache abgetan.

Mein Vater hatte immer den Wunsch, daß ich einmal Pfarrer werden sollte. Er hatte es ja selbst werden wollen, und nur seine damals schwache Gesundheit hatte es nicht zugelassen.

Vielleicht war das der Grund, weshalb mein Konfirmator, der von diesem Wunsch wußte, mir den Denkspruch mitgab: »Kämpfe den guten Kampf des Glaubens; ergreife das ewige Leben, dazu du auch berufen bist und bekannt hast ein gutes Bekenntnis vor vielen Zeugen.«

Damals habe ich noch kein gutes Benehmen gehabt, aber später hat mir Gott reichlich Gelegenheit gegeben, ein Bekenntnis meines Glaubens vor vielen Zeugen abzulegen.

Ebenso wie mir der Konfirmandenunterricht nicht viel gab, so bot mir auch die Kirche mit ihrer Predigt nicht viel. Zum Teil lag das an den schrecklichen Plätzen, die uns Schülern des Gymnasiums zugewiesen waren. Wir saßen hinter dem Pfeiler, an dem die Kanzel angebracht war. So konnten wir also den Prediger niemals sehen. Jeder aber weiß, wie sehr das zum Aufmerken beiträgt, wenn man den Redner sehen kann! Dazu kam, daß uns gegenüber auf der anderen Empore große helle Fenster ohne Vorhänge waren. So mußten wir also immer in das grelle Licht schauen. Aber wie müde werden die Augen, wenn man lange Zeit ins Helle schauen muß!

Das wäre alles nicht so übel gewesen, wenn die Predigten Anziehungskraft besessen hätten. Aber das war leider auch nicht der Fall. Der eine brachte seine Hegelsche Philosophie auf die Kanzel, die wir nicht verstanden. Der andere ereiferte sich gern über jene, die nicht da waren, und ödete so die anwesenden Zuhörer an. Der dritte langweilte uns mit Wiederholungen. So muß ich bekennen, daß ich in all den Predigten, die ich hörte, nur eins tat: Ich wartete auf das Amen. Das ist aber keine gute Vorbereitung für einen, der später selber Gottes Wort verkünden soll.

Es war mir unmöglich, einer Predigt zu folgen. Und so bildete sich bei mir der Gedanke, daß eine Predigt eine Rede sei, die kein Mensch verstehen könne und auch verstehen solle. Nur ein Prediger machte davon eine Ausnahme: der Generalsuperintendent Nebe, der zuweilen predigte. Den konnte ich verstehen, dem konnte ich folgen trotz des schlechten Platzes. Da dachte ich mir: den Mann hat man gewiß deshalb zum Generalsuperintendenten und Verwaltungsbeamten gemacht, weil er so einfach predigt!

Erst viel später habe ich erkannt, daß eine rechte Predigt von dem schlichtesten Hörer und von Kindern schon verstanden und wiedergegeben werden muß. Ist das nicht möglich, dann hat der Pfarrer zu hoch gezielt und über die Köpfe hingepredigt.

Als ich später Pfarrer war, habe ich immer meine Konfirmanden gefragt, was sie von der Predigt behalten hätten. Wenn sie mir die Predigt nicht wiedererzählen konnten, dann habe ich sie pflichtschuldig gescholten, daß sie nicht aufgepaßt hätten, aber hernach in meinem Zimmer schalt ich mich dann selber aus, daß ich offenbar noch nicht einfach genug gesprochen hätte.

Waren Konfirmandenunterricht und Predigt nicht sonderlich geeignet, mich für den Pfarrerberuf vorzubereiten, so war es der Religionsunterricht erst recht nicht. Wohl war unser Religionslehrer ein positiver Mann; aber ihm fehlte ganz und gar die Gabe, mit jungen Leuten umzugehen. Er hielt uns Vorlesungen über den Römerbrief, indem er die ganze Stunde sprach. Und wenn er von uns verlangte, daß wir das wiederholen sollten, dann streikten wir und erklärten ihm, wir wüßten gar nicht, was er eigentlich wolle.

Vollends verdarb er es mit uns, als er einen von uns Oberprimanern, der irgend etwas gemacht hatte oder gemacht haben sollte, zwang, auf den Knien ein Sündenbekenntnis abzulegen. So erklärte ich meinem Vater: »Wenn das Theologie ist, dann werde ich kein Theologe. So wie dieser Mann möchte ich einmal nicht werden.« Ich wollte nur Geschichte studieren, um Bibliothekar oder Archivar zu werden. Als das mein Religionslehrer erfuhr, fragte er mich, wie das denn komme, ich hätte doch früher vorgehabt, Theologie zu studieren. Ich schwieg. Er wiederholte seine Frage mehrfach, bis ich ihm endlich sagte, ich möchte es ihm nicht gern sagen, aber wenn er es verlange, müßte ich ihm ehrlich sagen, daß daran sein Unterricht schuld sei. Er erschrak nicht, sondern war und blieb davon überzeugt, daß er einen guten Grund bei mir gelegt habe. Und wenn wir uns später im Leben begegneten und er sich über meine Entwicklung freute, dann nannte er mich immer »seinen Schüler«.

Dann kam das Abiturientenexamen heran. Damals brauchte man nicht ins mündliche Examen, wenn man drei schriftliche Arbeiten mit »gut« geschrieben hatte. Das schriftliche Examen lag hinter uns. Wie mochten die Arbeiten ausgefallen sein?

Der Tag der mündlichen Prüfung kam. Wir wurden in ein großes Klassenzimmer gerufen, in dem das ganze Lehrerkollegium versammelt war. Zunächst hielt der Schulrat eine längere Rede. Wir hörten kaum zu, uns bewegte nur die eine Frage: Muß ich ins Mündliche? Endlich nahm er einen blauen Aktendeckel und sagte: »Wir haben die Freude gehabt, auf Grund der schriftlichen Arbeiten etlichen von Ihnen das mündliche Examen zu erlassen. Es sind folgende.« Und nun las er feierlich und langsam die Namen vor. Die Nerven waren zum Springen gespannt. Es dauerte lange, bis er am M angelangt war. Und als er endlich auch meinen Namen genannt hatte, da war ich so aufgeregt, daß ich leise meinen Nebenmann fragte: »Hat er auch meinen Namen genannt?« »Aber ja! Mensch, haste das denn nicht gehört?«

Das Mündliche geschenkt! Das Examen bestanden! Die Schuljahre vorbei! Hinaus ins Leben, in die Freiheit!

Vorlaufende Gnade

Vorlaufende Gnade. Anders kann ich es nicht nennen, was ich nach Beendigung meiner Schulzeit erlebte.

Das Examen war bestanden. Nun wollte ich mich auf den Beruf vorbereiten. Mein Wunsch war ja, einmal Archivar oder Bibliothekar zu werden. Aber was gehörte alles dazu? Das konnte mir so recht niemand sagen. Aber ich wußte, daß in Osnabrück ein Archivrat wohnte, der über die Wiedertäuferunruhen in Münster ein Buch geschrieben hatte. Darum entschloß sich mein Vater, mit mir nach Osnabrück zu reisen, um mit dem Archivrat zu sprechen. Der erklärte sich gern bereit, uns Auskunft zu geben.

Er sprach sich mit großer Freude über seinen Beruf aus, der ihn voll befriedige. Aber dann sagte er: »Es wird sich freilich darum handeln, ob Sie in der Lage sind, Ihren Sohn etwa zwanzig Jahre lang zu unterhalten, bis er ein Jahresgehalt von tausendachthundert Mark bekommt.« Das war ja eine schlimme Aussicht! Und sie wurde noch trüber, als der Archivrat fortfuhr: »Und dann würde ich Ihrem Sohn raten, nicht bloß Geschichte zu studieren, sondern die ganze Philologie. Denn es melden sich jedes Jahr achtzig zu diesem Beruf und nur zwei können davon genommen werden.« Von achtzig Bewerbern nur zwei! Wie gering war da die Möglichkeit, einer von den zweien zu sein!

Wir bedankten uns für die Auskunft und empfahlen uns.

»Der Gedanke muß also aufgegeben werden«, sagte ich zu meinem Vater, als wir draußen waren und zum Bahnhof gingen: »Zwanzig Jahre warten, bis man endlich ein Jahresgehalt von tausendachthundert Mark hat, das geht ja nicht! So lange möchte ich dir denn doch nicht auf der Tasche liegen. Und Philologie studieren, um Gymnasiallehrer zu werden, das möchte ich auch nicht. Ich komme ja gerade vom Gymnasium und weiß, was die armen Lehrer von ihren Schülern zu leiden haben.«

»Ja, aber was dann?« fragte mein Vater. »Jura wie Willy?«

»Nein, dafür kann ich mich auch nicht erwärmen. Ich glaube nicht, daß ich mich dafür eigne.«

»Oder Medizin?«

»Auch dazu habe ich keine Neigung.«

»Ja, aber was denn?«

Unter diesen Gesprächen waren wir auf dem Bahnhof angelangt. Als wir auf dem Bahnsteig auf und ab gingen, da sagte ich: »Dann bleibt gar nichts übrig, als Theologie zu studieren. Es haben so viele schon dieses Studium erwählt und sind glücklich und zufrieden geworden. Dann kann ich es auch. Das Studium dauert nicht so lange und kostet nicht so viel. Dann komme ich am schnellsten zu Amt und Brot.«

Damit war mein Vater sehr einverstanden.

So wurde auf dem Bahnhof in Osnabrück der Entschluß gefaßt, der über mein ganzes Leben entschied. Ganz nüchtern, ohne eigentlichen Trieb dazu zu haben. Nur um doch irgend etwas im Leben zu werden. Weder mein Vater noch ich ahnten damals, daß hier die vorlaufende Gnade Gottes wirksam war, die mich zu einem Verkünder des Evangeliums berufen hatte.

Ich hatte damals noch kein Leben aus Gott, konnte nicht von erfahrener Gnade Zeugnis ablegen – und doch berief mich Gott zu seinem Dienst. Darum preise ich die Entscheidung Gottes, die mich erwählte, als ich noch gar nicht daran dachte, ihn zu meinem König und Herrn zu erwählen.

So verging denn auch das erste theologische Semester, das ich in Tübingen zubrachte, ohne daß ich Gott nähergekommen wäre. Wohl habe ich getreulich die Vorlesungen besucht und mitgeschrieben, was Weizsäcker und Kübel und Buder vortrugen – aber daß es irgendeinen Eindruck auf mich gemacht hätte, kann ich nicht sagen.

Ich wanderte allein oder in Gesellschaft von Freunden durch das schöne Schwabenland. Ich besuchte die Burg Hohenzollern und die Feste Lichtenstein, ich war auf dem Hohentwiel und am Wasserfall bei Urach – aber für Gott fand ich keinen Raum in all der Schönheit der Schöpfung.

Durch Schriftstellerei für die »Tübinger Chronik« verdiente ich mir das Geld zu einer Schweizer Reise zu Pfingsten des Jahres 1889. Wir sahen auf dem Rigi die Sonne aufgehen und durchwanderten das Berner Oberland, wir sahen die Größe und Herrlichkeit Gottes in der wunderbaren Bergwelt – aber Gott konnte mich auch dadurch nicht zu sich ziehen.

Eines Tages erlebte ich eine gnädige Bewahrung und Lebensrettung, aber auch diese brachte mich nicht näher zu Gott. Mit ein paar Freunden wollte ich eines Nachmittags in ein benachbartes Dorf gehen. Der Weg ging über die Gleise der Bahn. Da die Schranken nicht heruntergelassen waren, man auch der Büsche und Hecken wegen keinen Blick auf die Bahnstrecke werfen konnte, so gingen wir, in unser Gespräch vertieft, auf den Bahnkörper los. Da hörten wir von der rechten Seite ein Brausen und Fauchen und Pfeifen – war der Personenzug auf einem Gleis vor uns oder hinter uns? Wer kann das in einem solchen Augenblick feststellen? Instinktiv rannten wir, was wir konnten, über die Gleise, deren es an dieser Stelle mehrere gab – und als wir das letzte Gleis übersprungen hatten, da war der Zug auch schon hinter uns vorbei!

Wir dachten nicht daran, Gott zu danken, der unser Leben so wunderbar bewahrt hatte, wir gingen vielmehr zum Bahnhof, um dem Stationsvorsteher zu melden, daß die Schranken nicht geschlossen gewesen seien.

Einmal war ich während dieses ersten Semesters Gast an der Tafel des Königs. König Karl von Württemberg feierte im Sommer 1889 sein fünfundzwanzigjähriges Regierungsjubiläum. Dazu lud er auch die Studenten seiner Landesuniversität Tübingen zu einem großen Gartenfest in dem alten Kloster und jetzigen Lustschloß Bebenhausen ein. Wir bemühten uns darum, eine Einlaßkarte zu dem Fest zu bekommen und in der vorgeschriebenen Kleidung zu erscheinen. Wenn ich mich recht erinnere, gab es eine Stunde lang Kaffee und Kuchen, dann eine Stunde lang ein Glas Wein und Torte und dann eine Stunde lang Bier und Zigarren. Der König ging durch die Reihen, um uns zu begrüßen und wir begrüßten ihn in studentischer Weise mit einem »donnernden Salamander«. Dann war der Traum von königlicher Herrlichkeit ausgeträumt und ich wanderte wieder zu meiner »Bude« in der Neckarhalde zurück.

So verging das erste Semester meines theologischen Studiums. Ich war wohl Student der Theologie – aber ich war kein Christ. Ich las in den Vorlesungen die Bibel im Grundtext, aber nicht für meine eigene Seele. Ich hörte, daß das Vaterunser ein »sehr interessantes, historisches Dokument« sei – aber daß ich selber ein Leben des Gebets führen müsse, wenn ich einmal ein Verkündiger des Evangeliums werden wollte, das habe ich damals nicht gewußt.

Und doch hatte mich die Gnade Gottes ausersehen! Sie geht uns nach auf unsern Irrwegen, ja, sie eilt uns voraus, um uns in die Zukunft hinein eine Bahn zu bereiten. Sie hat Geduld mit uns zu einer Zeit, wenn wir noch fern von Gott sind. Sie wartet, bis die Stunde Gottes endlich auch in unserm Leben schlägt und wir nicht anders können, als uns dem Herrn zu eigen zu geben.

Unter göttlicher Geduld

Im zweiten Semester ging ich nach Berlin. War es das Interesse, einmal die Hauptstadt des Deutschen Reiches kennenzulernen, war es das Verlangen, die Kunstschätze Berlins auf mich wirken zu lassen, war es das Begehren, in der Theologie einen klareren Standpunkt zu gewinnen als bisher – oder waren es alle diese Beweggründe zusammen – kurzum, ich ging im Herbst 1889 nach Berlin.

Als ich nach Berlin abfuhr, bat mich mein Vater, mit so wenig Geld wie möglich auszukommen. Er hatte die Ausstattung meiner Schwester zu beschaffen, die vor der Verheiratung stand. Darum sollte ich sparsam sein.

Wo konnte ich aber sparen? Am besten an den Kosten

für das Essen. Ich entdeckte eine Volksküche am Hackeschen Markt, in der Nähe vom Stadtbahnhof Börse. Da gab es »eine halbe Portion« für fünfzehn Pfennig. Das war ein großer Napf mit Hülsenfrüchten und Kartoffeln oder mit Sauerkraut, Erbsen- und Kartoffelbrei und immer ein Stück Fleisch obendrauf. Davon wurde man »rundherum« satt.

Aber das war mir die Hauptsache: Was für interessante Gespräche konnte man da belauschen! Da saßen Droschkenkutscher und Arbeiter, die aus ihrer Gesinnung kein Hehl machten. Ob in der Stadt ein Mord vorgekommen oder ob eine interessante Reichstagssitzung gewesen war oder was sonst Gesprächsstoff bot, immer gab es erregte Diskussionen, denen ich meist mit großem Interesse lauschte!

Und dann die Theologie! Ja, da bekam ich eine »klarere Stellung«, aber was für eine! In der Hauptsache war Professor Pfleiderer mein Lehrer, bei dem ich die Einführung ins Neue Testament und Exegese neutestamentlicher Bücher hörte. Aber was hörte ich da? Daß das Christentum nicht die höchste Religion sei; wenn das Christentum sich mit dem Buddhismus vermählen würde, dann würde erst die wahre und höchste Religion entstehen!

Ich besinne mich noch gut auf eine Stunde, in der er uns wieder allerlei zerschlagen hatte. Da sagte er: »Meine Herren, es tut mir leid, daß ich Ihnen so manches nehmen muß, was Sie als Kinderglauben aus dem Elternhause mitgebracht haben; aber um der Wahrheit und Wissenschaft willen kann ich nicht anders!« Dabei lief ihm vor Rührung und Bewegung eine Träne über die Wange. Und wir, seine Hörer, trampelten Beifall – ohne zu merken, wie der Mann mit seiner »Wissenschaft« unser Innenleben beraubte und verödete.

Erst viel später, als ich erkannte, wie arm und leer ich war, da war das mit ein Grund, mich zu bekehren. Sonst hätte ich verzweifeln müssen. So hatte auch dieser Unterricht sein Gutes. Ich habe aus eigenem Erleben heraus die liberale Theologie gründlich kennengelernt.

Im nächsten Semester in Halle war das noch mehr der

Fall. Da hatte ich einen Professor für das Alte Testament, der seine spöttische Brühe über alle Geschichten des Alten Testaments goß, um sie uns gründlich zu verleiden.

In 1. Mose 3 wird uns nicht etwa die Geschichte vom Sündenfall erzählt, o nein! Sondern da haben wir eine Erklärung, woher es kommt, daß die Menschen einen solchen Abscheu vor den Schlangen haben! Es ist doch so, wenn wir plötzlich auf dem Wege einer Schlange begegnen, dann überläuft uns ein Schauder. Woher kommt das? Diese Frage findet ihre Beantwortung in 1. Mose 3. Das war seine »Wissenschaft«.

Wir waren auch für diese Revolutionierung altgewohnter Anschauungen begeistert.

Zugleich trieb unser Professor in hohem Maße Quellenscheidung. Er wußte ganz genau, welcher Vers im ersten Buch Mose von dem einen und welcher von dem anderen Verfasser war. Ja, er wußte es sogar von halben Versen! Wir brachten auf seinen Wunsch ins Kolleg Farbstifte mit, und dann wurde der eine Vers grün unterstrichen und dann ein halber Vers rot und die andere Hälfte gelb. So sah bald ein Kapitel der hebräischen Bibel wie ein Tulpenbeet aus!

Das alles war »Wissenschaft«. Von der Bedeutung dieser Kapitel erfuhren wir nichts. Was für wunderbare Wahrheiten und Weisheiten darin enthalten waren, davon hörten wir nichts.

Wie schwer ist es mir später geworden, eine ehrfurchtsvolle Stellung zum Alten Testament zu gewinnen, das mir von meinem Professor so verleidet worden war. Gott sei Dank, daß diese Zeit für mich vorüber ist und ich mit Luther weiß, daß »das Alte Testament die Windeln sind, in denen der Herr Jesus liegt«. Wir könnten das Neue Testament ja gar nicht verstehen ohne das Alte. Es ist so, wie ich viel später einen Professor sagen hörte: Im Neuen Testament haben wir den Niedrigkeits-Jesus; im Alten finden wir den Herrlichkeits-Christus. Ja, wenn man das Alte Testament schmäht, dann habe ich es um so lieber und halte es um so fester.

Aber damals stimmte ich begeistert mit ein in die Schmähung des Alten Testaments. Ich wußte nicht, was ich tat. Und ich dachte, das wäre Theologie, d.h. Wissenschaft von Gott! Nie und nimmer! Das war eine Wissenschaft nicht von oben, sondern von unten. Das war nicht der Heilige Geist, das war Geist von unten.

Aber der treue Gott hatte trotz all meiner Irrungen Geduld mit mir. Er wartete, bis ich erst ganz bankrott ging mit meiner »Wissenschaft«. Und ihm sei Dank, die Stunde kam, wenn es auch noch ein paar Jahre dauerte.

Wir behandelten aber nicht nur das Alte Testament so ehrfurchtslos, auch das Neue Testament mußte sich solche Kritik gefallen lassen. Professor Beyschlag in Halle war davon überzeugt, daß Jesus keine Wunder getan habe, auch keine Wunder getan haben könne, weil Wunder überhaupt nicht möglich seien. Aber nun erzählen doch die Evangelien so manche Wunder des Herrn! Wie sind sie denn zu erklären? Nun, diese Geschichten beruhen auf Selbsttäuschung der Jünger!

Johannes berichtet, daß Jesus auf der Hochzeit zu Kana Wasser in Wein verwandelt habe. Das ist natürlich ganz unmöglich. Um Wein herzustellen, dazu braucht's Regen und viel Sonnenschein, gut gedüngten Boden und wer weiß was alles. Die Sache ist sehr einfach: Die Nähe Jesu hat die Leute auf der Hochzeit zu Kana so berauscht, daß sie das Wasser getrunken haben, als wäre es Wein!

Und wenn berichtet wird, daß Jesus über das Meer gewandelt ist, so übersieht man leicht, daß sie gleich darauf am Ufer waren. Da lagen Baumstämme, zu einem Floß verbunden, und über dieses Floß kam der Herr. Die Jünger aber meinten, er sei über das Meer gekommen!

Und bei der großen Speisung ging es auch ganz natürlich zu. Die Bereitwilligkeit des Knaben, von seinen fünf Broten etwas abzugeben, wirkte ansteckend. Jeder zog seine Vorräte hervor und gab dem, der nichts bei sich hatte, etwas mit. So aßen sie alle und wurden satt.

Daß die Apostel, die offenbar der Meinung waren, daß Jesus Wunder getan habe, durch solche »Erklärungen« geradezu zu Idioten gestempelt wurden, das focht Professor Beyschlag nicht weiter an.

Und das alles wurde uns in einer so freundlichen Art, in

einer so feinen Sprache vorgetragen, daß wir ganz hingerissen waren.

Nur einer der Professoren vertrat einen anderen Standpunkt, der ehrwürdige alte Martin Kähler. Aber dessen Sprache war so schwer zu verstehen, daß ich leider damals im dritten Semester keinen Gewinn von seinen Vorträgen über die Glaubenslehre hatte. Was er sagte, ging den meisten von uns wohl weit über die Köpfe. Es konnte auch gar nicht darin haften, weil alle andern die Bibel kritisierten und er allein der Bibel gegenüber eine ehrfurchtsvolle Stellung einnahm. So haben mir die Vorlesungen von Professor Kähler leider keinen Segen gebracht.

In Halle trat ich einem wissenschaftlichen theologischen Verein bei. Da wurde jede Woche von einem der Mitglieder ein wissenschaftlicher Vortrag gehalten. Daran schloß sich dann eine mehr oder weniger rege Aussprache an. Aber die Vorträge der Studenten brachten ebensoviel Bibelkritik wie die Vorträge der Professoren. Wie hätte das auch anders sein können? Nur ein oder zwei Mitglieder standen auf dem Boden positiven Bibelglaubens. Die wurden natürlich von uns andern als rückständig und unwissenschaftlich abgelehnt.

Gott sei Dank, es ist heute ganz anders als damals! Heute wird auf vielen Kathedern eine bibelgläubige und ehrfurchtsvolle Theologie betrieben. Wieviel Segen habe ich z.B. durch die Bücher von Professor Bornhäuser in Marburg oder von Karl Heim in Tübingen oder von dem alten Adolf Schlatter gehabt! Aber damals sah es auf den meisten Universitäten traurig aus.

Aber wir meinten wunder, wie wissenschaftlich wir seien! Daß diese »Wissenschaft« uns keinen Halt bot im Leben und im Sterben, das ahnten wir damals noch nicht. Und daß sie uns keine wahre Vorbereitung gab für unsern späteren Dienst auf der Kanzel oder an Krankenbetten und Gräbern, das wußten wir damals auch nicht.

Da hilft nur einer: Jesus Christus, der Gekreuzigte und Auferstandene.

Wie ich von Tübingen aus eine Reise in die Schweiz gemacht hatte, so fuhr ich nun von Berlin aus nach Schweden und Dänemark und besuchte die Hauptstadt Kopenhagen. Das Geld dazu hatte ich mir auch durch Schriftstellerei verdient. Ich stand zu Füßen des »segnenden Christus« von Thorwaldsen, der eigentlich kein segnender Christus ist, sondern ein einladender. Darum steht auch unten am Sockel das Wort: »Kommet her zu mir!« Aber so sehr ich dieses Kunstwerk bewunderte – ich vernahm den Ruf des Herrn nicht. Er mußte weiter Geduld mit mir haben.

Von Halle aus machte ich eine Reise in die Sächsisch-Böhmische Schweiz. Sehr fesselte mich die Sixtinische Madonna im Zwinger zu Dresden und die Holbeinsche Madonna, aber dem Christuskind brachte ich meine Huldigung noch nicht dar.

Endlich mußte ich an mein Examen denken. Das hatte ich am Konsistorium in Münster zu machen. Darum mußte ich zum Schluß meiner Studienzeit nach Bonn gehen, das damals für Rheinland und Westfalen Landesuniversität war. Erst später wurde aus der Akademie in Münster, an der nur Jurisprudenz und katholische Theologie gelehrt wurde, eine Universität mit allen Fakultäten.

So reiste ich denn im sechsten Semester nach Bonn, wo ich noch zwei Semester verbrachte. Davon ist noch etwas zu berichten.

Bankrott

Wenn ich auf meine Studienzeit zurückblicke, dann will der Gedanke in mir aufsteigen, wieviel schöner es doch gewesen wäre, wenn ich nicht den Umweg über die liberale Theologie gemacht hätte, wenn ich andere Universitäten besucht und andere Lehrer gehabt hätte. Aber dann kommt sofort die Überlegung: Auch dieser Irrweg stand unter göttlicher Zulassung. Wer weiß, wenn ich nur bibelgläubige Lehrer gehabt hätte, ob ich nicht ein bloß positiver Mann geworden wäre, wie ich so manche kennengelernt habe, *recht*gläubige, aber nicht recht *gläubig.*

So hat mir die liberale Theologie mit ihren Negationen

einen sehr großen Dienst geleistet: Sie hat mir meinen Kinderglauben völlig zerschlagen und mich ganz und gar bankrott gemacht.

Es war furchtbar, wie arm und öde mein Herz geworden war durch die »sicheren Ergebnisse der Wissenschaft«, die doch eigentlich nur haltlose Vermutungen waren. Der Christus, der nach sechs Semestern theologischen Studiums übriggeblieben war, konnte mir keinen Halt und keine Kraft bieten. Er war nicht der von der Jungfrau geborene überweltliche Gottessohn, er war nicht der auferstandene Überwinder des Todes und der Hölle, der machtvoll Krankheit und Tod, Dämonen und Stürmen gebieten konnte. Was blieb da von ihm übrig? Dieser blutlose »historische Jesus« konnte mir nicht helfen – und den sollte ich andern verkündigen? Wenn er mir nicht helfen konnte, wie sollte er andern helfen können?

Weihnachten war es. Meine Eltern rüsteten zum Kirchgang. Sie fragten mich, ob ich denn nicht mitginge. Da sprudelte meine ganze Not heraus: »Was soll ich da? Es ist ja doch nicht wahr, was da gepredigt wird! Was in Lukas 2 geschrieben steht von der wunderbaren Geburt Jesu in Bethlehem, das ist ja nur eine Legende! Das ist ja keine Geschichte! Das ist ja nur eine legendarische Ausschmückung des Prophetenwortes: ›Mache dich auf, werde Licht!‹« Ich weiß nicht mehr, ob ich mich auf Zureden meiner Eltern doch entschlossen habe mitzugehen. Aber ich weiß noch gut, wie entsetzt meine Mutter war, als ich dieses Bekenntnis meines Unglaubens vor ihr ablegte. Und gewiß ist sie um so treuer im Gebet für ihren Jüngsten eingetreten, daß er zurechtkommen möge.

Ja, es war eine schwere Zeit. Wofür lebte ich eigentlich? Um mich auf ein Amt zu rüsten, das mich eher abstieß als anzog? Konnte ich denn mit solch einer Botschaft vor die Gemeinde treten? Wenn mein »Glaube« mir selbst keinen Halt bot, würde er dazu bei andern imstande sein?

Es fehlte nicht viel, dann hätte ich das Leben von mir geworfen, so elend und unglücklich, so leer und zerrissen fühlte ich mich, so hoffnungs- und freudlos lag das Leben vor mir.

So bahnte die liberale Theologie die große Wendung an, daß ich mich in die Arme des Heilands werfen mußte, wenn ich nicht zugrunde gehen wollte.

Heute weiß ich, daß auch über diesem Teil meines Lebensweges der Herr wachte, der nach mir ausschaute und auf mich wartete. Er war es, der mir alle Stützen eines herkömmlichen und landläufigen Christentums zerschlug, daß ich – wie ein Ertrinkender nach der rettenden Planke – so nach ihm greifen sollte, um gerettet zu werden für Zeit und Ewigkeit.

Und in dieser Zeit hielt ich meine ersten Predigten!

In Oberkassel bei Bonn wohnte ein Vetter von mir, der dort Pfarrer war. Der wollte nach Neujahr gern einmal einen Besuch in der alten Soester Heimat machen. Da bat er mich, ihn zu vertreten. Glücklicherweise sagte er es mir schon einige Zeit vorher. So konnte ich in aller Ruhe eine Predigt machen und auswendig lernen. Sie handelte von dem Besuch der Weisen aus dem Morgenlande. Ich glaube beinah, ich habe sie allein und ohne fremde Hilfe gemacht. Drei Teile hatte die Predigt, das weiß ich noch: Sie suchen Jesus, sie finden ihn und sie verehren ihn.

So habe ich die Geschichte ganz richtig durchgenommen und ganz textgemäß darüber gepredigt. Aber ich selber hatte den Mensch gewordenen Gottessohn nicht gesucht und nicht gefunden. Ich selber hatte ihm noch nicht gehuldigt. So kann man ganz richtig und ganz textgemäß predigen, ohne den Text zuerst auf sich selber angewandt zu haben. Das weiß ich aus eigener Erfahrung.

Alles verlief gut. Ich hatte die Predigt so gründlich auswendig gelernt, daß ich ganz genau wußte: Jetzt bin ich rechts unten, jetzt schlage ich in Gedanken um und bin nun links oben. So hielt ich die Predigt ohne Anstoß und ohne Hindernisse.

Unmittelbar nach dem Gottesdienst, den ich in Beuel, in der Filiale gehalten hatte, mußte ich nach Oberkassel, der Muttergemeinde, um die Predigt dort noch einmal zu halten. War es mir in Beuel gut gelungen, so würde das mir auch in Oberkassel gelingen, dachte ich. Es gelang, und es gab sogar ein paar Leute, die sich befriedigend und anerkennend über die Predigt aussprachen.

Das war aber schlimm, wie ich nach einigen Monaten erfuhr.

Im Mai besuchte mich mein Vetter in Bonn und sagte mir, seinem alten Vater, meinem Onkel Theodor, gehe es gar nicht gut, er müsse unbedingt mal nach Hause fahren. Ich möchte doch am Sonntag für ihn predigen. Es war am Freitag, als er das sagte. Ich lehnte ab. Von heute auf übermorgen! Ganz unmöglich! Aber er bat weiter. Es sei das erstemal ja so gut gegangen, Frau Soundso habe das auch gesagt, und der Herr Soundso auch. Er wisse sonst niemand, der ihn vertreten könnte, ich möge ihm doch den Gefallen tun. Er redete so lange, daß ich endlich nachgab.

Es war der Sonntag Rogate, also der Sonntag, an dem über das Gebet gepredigt wird. Und ich selber war kein Beter, ich war bankrott in meinem Innern!

Da griff ich nach einem Predigtbuch, das mir helfen sollte. Hätte ich nun einen Band Gerokscher Predigten gehabt, dann wäre es vielleicht möglich gewesen, daraus etwas abzuschreiben und wiederzugeben. Denn sie sind leichtverständlich und flüssig geschrieben. Aber ich besaß nur einen Band Predigten von Pastor Hoffmann in Halle, und diese sind besonders tief und schwer.

So schrieb ich Eigenes und Fremdes zusammen, ohne zu merken, daß es kein Ganzes wurde. Zum Auswendiglernen blieb nicht viel Zeit. Ich dachte, es würde auch so gehen, es sei ja das vorige Mal auch gegangen und vergaß dabei ganz, daß ich das vorige Mal wochenlang die Predigt gelernt und hergesagt hatte.

So stieg ich auf die Kanzel und – war nach kurzer Zeit festgefahren. Dann griff ich nach einem Gedanken, der mir aus meiner Predigt gerade in die Erinnerung kam. Den sprach ich aus. Aber unglücklicherweise war es ein Gedanke aus dem Schluß meiner Predigt. Und so war ich am Schluß angelangt, ehe ich recht angefangen hatte. Gewiß war die Gemeinde verblüfft über die Kürze und Inhaltlosigkeit der Predigt, aber es war nicht zu ändern: die Predigt war aus, ehe sie richtig begonnen hatte.

Heute bin ich auch dafür dankbar, daß ich diesen Mißerfolg erlebt habe. Denn es ist doch eine große Vermessenheit, andern etwas predigen zu wollen, was man selber nicht glaubt und nicht tut! Es ist doch unmöglich, sich auf die Hilfe Gottes zu verlassen, wenn man keine gründliche Arbeit an die Sache gewandt hat.

Das Predigen ist eine wichtige und – schwere Sache. Das habe ich später immer wieder erfahren. Denn »der Glaube kommt aus der Predigt« – »So sind wir nun Botschafter an Christi Statt, denn Gott ermahnt durch uns.« Was für eine Aufgabe, ein Botschafter Christi zu sein, von ihm eine Botschaft zu empfangen und weiterzusagen! Nichts hinzuzufügen und nichts wegzulassen, ein Bote Gottes sein! –

Nach dem Ende dieses Semesters machte ich mein erstes theologisches Examen. Ich bestand es mit Gottes Hilfe gut. Nach meinem inneren Stand wurde ich nicht gefragt. Das äußere Wissen entschied. Ich mußte eine lateinische Arbeit schreiben zum Thema: »Über die Gemeinschaft der Heiligen«, diesen Ausdruck im apostolischen Glaubensbekenntnis. Wie sauer wurde mir diese Arbeit! Gemeinschaft der Heiligen! Was wußte ich davon? Ich sprach darüber wie der Blinde von der Farbe. Da trat mir mein innerer Bankrott wieder fühlbar vor die Seele.

Aber immerhin, die Examenspredigt und die andern Arbeiten genügten, das mündliche Examen ebenso, und ich bekam das Prädikat: »Wohl bestanden.«

Auf dem Wege zur Lebenswende

Das Examen war bestanden. Was sollte nun werden?

Ich machte einen Besuch beim Generalsuperintendenten Nebe, um ihm diese Frage vorzulegen. Er antwortete, daß er leider nicht in der Lage sei, mir eine Anstellung im Kirchendienst zu geben, es sei gegenwärtig eine solche Fülle von Kandidaten vorhanden, daß es unmöglich sei, sie alle als Hilfsprediger und Vikare anzustellen. Aber in der Volksschule sei man gerade sehr in Verlegenheit um Kräfte. Da könne ich gleich ankommen. Der Schulrat Cremer von Arnsberg sei gerade beim Konsistorialpräsidenten zu Besuch, ich solle doch sofort zu ihm gehen und mich für einen einjährigen Dienst in der Volksschule zur Verfügung stellen.

Was blieb mir anders übrig? Ich machte den Besuch beim Schulrat und bewarb mich um eine Lehrerstelle. Er sagte wohlwollend zu.

Acht Tage nach dem ersten Examen stand ich in der Unterklasse der zweiklassigen Schule in Dahlerbrück an der Volme, im bergigen Sauerland gelegen. Hundertundfünf Kindern von sechs bis neun Jahren sollte ich die Anfangsgründe des Wissens beibringen! Als mich der Oberkollege in die Klasse einführte, richteten sich zweihundertzehn Augen wie Revolverläufe auf mich. Wie würde »der Neue« sein? Dem »Neuen« pochte das Herz in der Brust angesichts dieser Aufgabe, der er sich so gar nicht gewachsen fühlte! Kindern Schreiben und Lesen beibringen? Von der Schreib-Lese-Methode hatte ich keine Ahnung. Der Kollege erbarmte sich über den armen hilflosen Kandidaten, beschäftigte seine Klasse mit schriftlichen Aufgaben und kam mit mir in meine Klasse, um mir eine Probelektion zu halten, um mir zu zeigen, »wie man das macht«. Danach mußte ich dann meinen Unterricht geben.

Schwerer war schon das Rechnen. Im Gymnasium hatten wir Arithmetik und Geometrie und Stereometrie getrieben. Aber die gewöhnlichen Arten des bürgerlichen Rechnens waren mir seit langen Jahren fremd geworden. Da kamen Aufgaben wie: In ein Faß fließt Wasser aus zwei Röhren. Die eine Röhre ist zwei Zentimeter im Durchmesser, die andre hat fünf Zentimeter Durchmesser. In welcher Zeit wird das Faß gefüllt sein, wenn – usw.

Da setzte ich mich hin und rechnete und rechnete stundenlang bis in die Nacht hinein. Ich konnte doch den Kindern die Aufgaben nicht eher aufgeben, als bis ich sie selbst durchgerechnet hatte. Und so habe ich viele, viele Nachtstunden über meinen Rechenaufgaben gesessen, um am andern Tage den Kindern sagen zu können, wie man's macht.

Da – habe ich wieder beten gelernt. Ich fühlte mich der Aufgabe, die mir gestellt war, so wenig gewachsen, daß mir nichts andres übrigblieb, als zu beten. Den Anstoß dazu gab mir eine Art Vision. Ich sah in großen Lettern einen Bibelspruch vor mir, auf dem das Licht der Sonne lag, so daß die einzelnen Buchstaben leuchteten und blitzten und sich mir ins Herz brannten. Der Spruch aber hieß: »Befiehl dem Herrn deine Wege und hoffe auf ihn, er wird's wohl machen.« Ich bin gewiß, daß das ein Wort war, das der Herr zu mir redete, durch das er mich auf die Quelle der Kraft aufmerksam machte, die ich noch nicht kannte. Ich befolgte den Wink und befahl dem Herrn meine Wege und hoffte auf ihn. Und siehe da, er half mir und machte es wohl.

Von Tag zu Tag wurde die Arbeit leichter, so daß ich bald mit Freuden meinen Dienst tun konnte.

In dem nahegelegenen Schalksmühle war ein Jünglingsverein, der am Sonntagnachmittag zu einer Bibelbesprechungsstunde zusammenkam. Ich sehe sie noch vor mir, die Väter des Vereins, den Lehrer Dreisbach, den jungen Lehrer Baukloh, den alten Fabrikanten Gustav Schröder und seinen Bruder Ludwig Schröder.

Es war das erstemal, daß ich mich in einem solchen Kreis gläubiger Männer befand, und es gefiel mir dort gut. Die Wortauslegung aus dem praktischen Leben heraus bot mir viel. So hatte ich das Bibelwort noch nie betrachten und auslegen hören. Hier kam es nicht auf die Äußerlichkeiten an, sondern darauf, was das Wort uns zu sagen hatte. Ich sah mit Staunen, was für praktische Winke das Wort Gottes gab, was für eine Kraft für den Alltag darin enthalten war.

Nur eins war nicht schön. Man war so kirchlich, daß man meinte, den »Herrn Kandidaten« immer um das Schlußgebet bitten zu müssen! Ach, und der Herr Kandidat konnte ja nicht beten, nicht aus dem Herzen mit Gott reden. Wohl konnte ich daheim in meinem Zimmer Gott bitten, daß er mir helfen möchte, meine Rechenaufgaben zu lösen; aber hier vor all den jungen und alten Männern laut und öffentlich beten – das konnte ich nicht. Und doch wurde ich immer wieder dazu aufgefordert!

Ich weiß noch, daß ich nachmittags in die Berge ging mit der Absicht, mich zu verirren, um nicht rechtzeitig für den Jünglingsverein daheim zu sein. So konnte ich doch nachher sagen: Es war mir zu spät geworden! So sehr fürchtete ich mich vor dem Schlußgebet.

Ich hatte wohl ein Buch, das damals sehr verbreitet war. Es hieß: »Im Kampf um die Weltanschauung.« Das waren kurze Andachten, die immer mit einem kurzen Gebet schlossen. Aber das Buch stand auf dem Boden der liberalen Theologie – und die Gebete auch. Die paßten also nicht in den Kreis hinein, der da in Schalksmühle zusammenkam. Das war eine Not!

Aber noch größer wurde die Not, die mir der Religionsunterricht machte. Es ging auf Weihnachten zu, und ich sollte mit den Kindern die Weihnachtsgeschichte durchnehmen. Aber für mich war's ja eine Legende, ein Märchen! Was sollte ich nun tun? Sollte ich den Kindern die Weihnachtsgeschichte vortragen, an die ich nicht glaubte?

Oder sollte ich den Kindern sagen, es sei ein Märchen? Das ging auch nicht, dann wäre mein weiterer Schuldienst unmöglich gewesen.

Heute begreife ich nicht, daß die alten Väter des Vereins nicht einmal mit dem jungen Kandidaten sprachen, um ihm zu zeigen, was ihm fehlte. Aber niemand sprach mit mir.

Jahre später kam ich wieder in die Gegend, um in Halver auf einem Gemeinschaftsfest die Festrede zu halten. Da machte ich einen Besuch in Schalksmühle. Danach sagte eine alte gläubige Frau zu mir: »Als Sie damals bei uns waren, da waren Sie noch ein armer Mann!« Ich antwortete: »Das weiß ich heute auch. Aber wenn Sie das damals schon wußten, warum haben Sie mir das nicht gesagt?« Da meinte sie: »Oh, ich dachte, der Herr würde Sie schon finden!« »Gott sei Dank, er hat mich gefunden. Aber wenn er mich nicht gefunden hätte, dann wäre mein Blut von Ihrer Hand gefordert worden!« Da verstummte sie.

So hatte ich gar keine menschliche Hilfe. Aber der Herr half mir. Und er zeigte mir, daß er nicht der Heiland der liberalen Theologie war, sondern der Heiland der Bibel, der gekreuzigte und auferstandene Herr, der Gottes- und Menschensohn. Und als es Weihnachten wurde, da konnte ich bei der Feier in der Schule die Ansprache halten und es bezeugen, daß Jesus Christus wahrhaftiger Gott sei, vom Vater in Ewigkeit geboren, und auch wahrhaftiger Mensch, von der Jungfrau Maria geboren, und daß er sei und sein solle mein Herr!

Das war wohl noch keine Bekehrung, aber es war doch der Anfang dazu. Es ist bei mir langsam, sehr langsam gegangen, weil ich gar keine menschliche Wegweisung hatte. Wie habe ich später die beneidet, denen in Evangelisationen und Nachversammlungen der Weg des Heils so klar und deutlich gezeigt wurde! Mir hat solche Hilfe gefehlt. Aber der Herr hat mir geholfen. Zwar nicht mit einem Male, aber in verschiedenen Stufen, bis ich endlich auch von erfahrener und erlebter Gnade zeugen konnte.

Als das Winterhalbjahr vorbei war, wurde die Schulstelle in Dahlerbrück wieder besetzt. Ich mußte den Wanderstab ergreifen. Wohin?

Ein paar Stunden bergauf und bergab von Dahlerbrück entfernt liegt das kleine Dorf Winkeln. Dort wurde zum Frühjahr eine Schulstelle frei. Und diese Stelle wurde mir übertragen.

Es war – dem kleinen Ort entsprechend – eine einklassige Schule. In der einen Klasse saßen achtzig Kinder zusammen. Wer nie in einer einklassigen Schule gewesen ist, der weiß nicht, was für eine Arbeit sie macht!

In der einklassigen Schule gibt es keine Ruhepausen. Wenn die eine Abteilung schreibt, hat die andere etwa Kopfrechnen. So ist der Lehrer immer in angestrengtester Tätigkeit, weil er fortwährend alle Abteilungen beschäftigen und im Auge behalten muß.

Diesen Dienst tat ich alle Tage fünf Stunden hintereinander, von acht bis ein Uhr. Dann war der Nachmittag frei. Anders ging es nicht, weil die Kinder zum Teil weitere Wege hatten nach Rölwede und Albringwerde und Rosenhagen und wie die einzelnen Ortschaften und Höfe alle hießen.

Zu diesen dreißig Schulstunden kamen noch etliche

Privatstunden, die ich auf Bitten der Eltern größeren Kindern erteilte, daß sie Briefe und Rechnungen schreiben lernten.

Aber das war noch nicht alles. Winkeln gehörte zur Gemeinde Heedfeld, deren Pfarrstelle gerade vakant war. Da fragte der Superintendent von Lüdenscheid bei mir an, ob ich nicht die Verwaltung der Pfarre mit übernehmen könne, soweit ich als nichtordinierter Kandidat dazu imstande sei. Ich hätte jeden Sonntag zu predigen, die Konfirmandenstunden zu erteilen und die vorkommenden Beerdigungen zu vollziehen.

Heute kann ich es nicht verstehen, daß mir der Superintendent dieses Ansinnen stellte, da ich doch als Lehrer einer einklassigen Volksschule wahrlich genug zu tun hatte. Und ebensowenig kann ich es heute verstehen, daß ich ohne lange Überlegung zusagte.

So hatte ich denn zwei Ämter, von denen jedes eigentlich Arbeit genug gemacht hätte. Und dazu lag die Brenscheider Mühle, wo ich wohnte, in einem tiefen Tal. Das war immer ein Weg von anderthalb Stunden bergauf und bergab, in der Hitze und Dürre des Jahres 1893 eine ziemliche Anstrengung.

Und doch habe ich im Eifer der Jugend, die sich betätigen will, diese Doppelarbeit gern getan. Wenn ich in Heedfeld gepredigt hatte, dann bekam ich im Gasthaus auf Gemeindekosten ein Mittagessen, und dann wanderte ich wieder in meine Mühle zurück. Unterwegs überlegte ich dann den Text der Predigt für den nächsten Sonntag. Am Montagabend schrieb ich den ersten Teil, am Dienstagabend den zweiten Teil, am Mittwochabend den dritten Teil. Am Donnerstagabend wurde dann der erste Teil auswendig gelernt, am Freitagabend der zweite Teil, am Samstagabend der dritte Teil. Auf dem weiten Wege zur Kirche am Sonntagmorgen konnte ich die Predigt dann noch einmal ganz wiederholen.

Unvergeßlich ist mir ein Rat, den mir ein alter Bauer gab, der öfter meine Predigten hörte: »Eine gute Predigt muß drei Teile haben: Landwirtschaft, Wetter und Politik.« Was meinte er damit? Keineswegs, daß jeweils ein Drittel der Predigt von Landwirtschaft, Wetter und Politik handeln solle. Nein, das nicht. Er meinte, daß in jeder Predigt etwas von diesen drei Gebieten vorkommen müsse. Denn das seien die Gebiete, wofür sich die Leute auf dem Lande interessierten. Der Prediger dürfe nicht so predigen, als ob er die ganze Woche auf dem Monde gelebt habe, wohl gar auf seiner der Erde abgewandten Seite, sondern er müsse seinen Zuhörern zeigen, daß ihre Interessen auch die seinen wären.

Ich habe mir den Rat gemerkt, den der alte Bauer mir gab. In jeder Predigt kam etwas über das Wetter vor: »Das war aber mal ein Heuwetter die letzte Woche!« Das war Wetter und Landwirtschaft zugleich. Und dann hieß es etwa: »Wie Bismarck neulich im Reichstag gesagt hat ...« Das war Politik genug!

Noch heute halte ich den Rat dieses alten Bauern für gut und wichtig. Eine Predigt muß gegenwartsnah sein. Man darf nicht an Ereignissen schweigend vorübergehen, die in allen Häusern besprochen werden. Dabei kann die Predigt ebensogut ewigkeitsnah sein. Man muß nicht bei Landwirtschaft, Wetter und Politik stehenbleiben; aber man muß daran anknüpfen.

So ging's nun den ganzen Sommer hindurch: Dreißig Stunden Schule mit fortwährendem Sprechen in der einen Klasse mit den vielen Abteilungen, dazu Privatstunden, wöchentlich Konfirmandenstunden im Pfarrort, dann die sonntäglichen Predigten und die Beerdigungen – das war schließlich doch zuviel.

Eines Morgens, als ich wie immer aufstehen und den Berg hinansteigen wollte, um zur Schule zu gehen, fiel ich vor dem Bett um und blieb liegen, völlig erschöpft. Der Arzt aus Altena mußte geholt werden. Die Sache war nicht unbedenklich.

So fanden mein Schuldienst und meine Predigttätigkeit ein jähes Ende.

Rührend war es, wie die Kinder mich bedauerten. Ich sehe es noch, wie mich ein Junge besuchte, dem ich so viel Gefühl gar nicht zugetraut hatte. Er zog aus der Tasche ein in Papier gewickeltes Ei hervor und sagte: »Da!« Dann zog er aus der andern Tasche noch ein Ei hervor und sagte noch einmal: »Da!« Mehr sagte er nicht; aber das war genug, um mich einen Blick in sein Herz tun zu lassen.

Als ich notdürftig wiederhergestellt war, reiste ich nach Hause zu meinen Eltern. Aber ehe ich an die Bahn in Hohenlimburg kam, mußte ich eine Wanderung durchs Nahmertal machen. Da gingen alle meine großen Jungens mit, um mir mein Gepäck zu tragen. Das war ein wehmütiger Weg: So schwach und matt, daß mir die zweistündige Wanderung schier über die Kraft ging, und dann die rührende Liebe der Jungens, die sich zuweilen mit dem Handrücken über die Augen fuhren, um etwas Feuchtes wegzuwischen, was doch bei einem Jungen nichts zu suchen hat.

Und doch, wenn mich die Überanstrengung auch krank gemacht hat, ich möchte die Zeit in Winkeln und in Heedfeld nicht missen. Hatte ich in Dahlerbrück das Beten wieder gelernt, so lernte ich in Winkeln, die Bibel zu lesen. Das war ein zweiter Schritt auf dem Wege zur Lebenswende. Zu dem ersten Spruch: »Befiehl dem Herrn deine Wege und hoffe auf ihn, er wird's wohl machen«, kam nun ein zweiter, der hieß: »Dein Wort ist meines Fußes Leuchte und ein Licht auf meinem Wege.« Zu diesen beiden kam dann auf der nächsten Station meines Lebensweges noch ein dritter. Das war das Wort des Johannes: »Das Blut Jesu Christi, des Sohnes Gottes, macht mich rein von aller Sünde.« Damit kam dann die Wende meines Lebens zum Abschluß. Ich wurde meines Heils gewiß. Aber davon muß ich noch mehr berichten.

Die Wende

Zum 1. September 1893 waren zwei Lehrvikariatstellen zu besetzen. Die eine befand sich im Waldeckschen, die andere im Siegerland. Gott fügte es so, daß ich ins Siegerland geschickt wurde.

Freilich – äußerlich ging es mir zunächst schlecht genug. Das Siegerland ist ein Bergland und hat rauhes Klima.

Meine Halskrankheit, die ich mir bei meinem übermäßig vielen Reden im Sauerland zugezogen hatte, brach nach kurzer Zeit wieder auf. Ich mußte den Arzt zu Rate ziehen. Der machte ein bedenkliches Gesicht, als er meinen Hals untersucht hatte. Er stellte ein unheilbares Halsleiden fest und riet mir, einen anderen Beruf zu wählen, bei dem ich nicht genötigt wäre, laut und lange zu sprechen.

Aber wenn man die lange Schulzeit und das Universitätsstudium hinter sich hat und nun endlich mit der eigentlichen Lebensarbeit beginnen will, dann ist das keine leichte Sache, wenn es heißt: einen anderen Beruf wählen!

Ich dachte: Vielleicht sieht Dr. Knebel die Sache doch zu schwarz! Ich fuhr nach Bonn und ging zu einem berühmten Professor in die Sprechstunde. Der untersuchte den Hals gründlich und bedächtig, beleuchtete ihn bis in seine Tiefen, dann fragte er mich: »Junger Freund, was sind Sie?« »Ich bin Hilfsprediger, Herr Professor!« Da gab er einen Ton von sich, den ich nur als einen Ausdruck des Bedauerns deuten konnte, und sagte: »Dann muß ich Ihnen leider eine schmerzliche Botschaft machen: Sie haben Ihren Beruf völlig verfehlt! Mit dem Hals können Sie nie Pfarrer werden. Predigen ist für Sie ganz ausgeschlossen. Wenn ich Ihnen raten darf, dann schlagen Sie eine Bürolaufbahn ein, wo Sie schweigen können. Am besten wäre es, Sie gingen in den Süden. Sie müssen sich durchaus vor der Abendluft hüten und vor allem – nicht predigen!«

Ich bedankte mich und ging. Den Beruf verfehlt! Nie predigen! In den Süden! Das ging ja alles nicht!

Wie gut, daß ich in Dahlerbrück schon erfahren hatte, daß es einen lebendigen Heiland gibt. Nun mußte er mein Heiland werden, dem ich mich übergab – fürs Leben oder Sterben, wie er es für gut befinden würde.

Es war ein ganz nüchterner Entschluß meines Willens, daß ich mich Jesus Christus total anvertraute. Was wäre mir auch anderes übriggeblieben? Was mir damals fehlte, das hat der Herr später nachgeholt. Er hat mir meine Sünden schmerzlich zum Bewußtsein gebracht. Wenn ich es in meiner Schülerzeit mit innerem Protest auswendig gelernt hatte: »Der mich verlornen und verdammten Menschen erlöset hat«, so lernte ich es jetzt inwendig; aber das war freilich ein schmerzlicheres Lernen als damals.

Und dazu haben mir die Versammlungsleute des Siegerlandes wesentlich geholfen. Tag und Stunde meiner Bekehrung kann ich nicht angeben. Vielleicht ist das auch gut so. Ich hätte sonst wohl ein Gesetz aufgestellt und gesagt: Wer nicht Tag und Stunde angeben kann, der ist nicht bekehrt! Davor hat mich Gott bewahrt.

Ich habe mich so ganz allmählich durchtasten müssen, ohne menschliche Wegweisung und Hilfeleistung. Ich weiß noch, daß ich manchmal in jener Zeit dem Herrn gesagt habe: »Wenn ich noch nicht bekehrt bin, dann will ich mich heute bekehren; aber mein Leben soll einzig und allein dir geweiht sein.« Und er nahm mein Opfer in Gnaden an und gab mir dann auch die Versicherung und Versiegelung durch seinen Geist, daß ich sein Eigentum sei.

Äußerlich ging es noch nicht gut. Ich mußte mir jeden Morgen den Hals massieren lassen und sonntags zweimal. Dann konnte ich meinen Dienst tun. Und der war nicht gering. Für gewöhnlich sprach ich dreimal am Sonntag: Morgens predigte ich in dem nahe gelegenen Niederschelden, das damals noch eine Filiale von Siegen war, nachmittags im Gefängnis in Siegen und abends im Jünglings- und Männerverein. Ich habe also den Rat, nicht mehr zu predigen, nicht befolgt. Ich war mir innerlich dessen bewußt geworden, daß der Herr mich zum Verkünder seines Wortes berufen habe, zumal ich jetzt aus eigener Erfahrung von der Gnade Gottes reden konnte. Da habe ich dem Herrn vertraut und er hat mich nicht enttäuscht. Ich habe keine Predigt meines kranken Halses wegen aufgegeben.

Später hat – in Mülheim an der Ruhr – mir wieder einmal ein Arzt in den Hals gesehen. Der meinte: »Sie haben ja einen schrecklichen Hals! Der ist ja ganz grau! Sie sollten einmal eine Mittelmeerreise nach Ägypten machen, das würde Ihrem Hals gut tun!« Ich erwiderte lachend: »Sehr gern, Herr Doktor! Bitte, schreiben Sie mir das Rezept auf ein paar Hundertmarkscheine. Dann fahre ich gleich!« Da lachte er auch, und die Reise nach Ägypten wurde nicht gemacht.

Und heute? Seit mehr als dreißig Jahren reise ich nun als Evangelist. An den Wochentagen spreche ich zweimal, an den Sonntagen gewöhnlich dreimal, manchmal auch viermal. Und kein Saal und keine Kirche ist mir zu groß! Die Stimme reicht aus. Ja, wenn man eine besonders große Veranstaltung plant wie 1930 die Weltbundtagung des Bundes für EC in Berlin oder eine Tagung in den Messehallen Köln, dann werde ich eingeladen, weil man sagt: den kann man gut auch in den großen Räumen verstehen! Solche Veranstaltungen wurden damals noch ohne Lautsprecher gemacht.

Das hat der Herr getan! Wenn ich von einer Evangelisation heimkehrte und Gott gesegnet hat, bin ich frischer als vor dem Dienst. Das ist ein Wunder vor meinen Augen.

Da meine Predigten nun Zeugnisse wurden, erfreuten sie sich eines guten Besuches. Denn im Siegerland hat man ein feines Ohr dafür, ob der Prediger bekehrt ist oder nicht, ob er aus eigenem Erleben heraus spricht oder ob er nur Bücherweisheit vorträgt. So wurde ich schon in der Vikarszeit zu Gemeinschaftsfesten als Festprediger eingeladen, zuweilen auch zu Vertretungen in einer der Siegener Kirchen. Vormittags allerdings nur selten. Öfter aber am Nachmittag um zwei Uhr. Das ist eigentlich eine ziemlich unmögliche Zeit für einen Gottesdienst. Aber Gott gab Gnade auch zu dieser ungünstigen Stunde. Manchmal kamen sogar Leute von auswärts, aus Weidenau, um den jungen Vikar zu hören. So wurden diese Nachmittagspredigten der Grund, weshalb man mich, als das Vikariat zu Ende war, zum Pfarrer von Weidenau wählte: Man hatte mich in diesen Nachmittagspredigten gehört und kennengelernt.

Von Bedeutung war es auch für mich, daß ich in diesem Vikariatsjahr den Heidelberger Katechismus auswendig lernen mußte. Ich hatte den ersten Jahrgang der Konfirmanden darin zu unterrichten. In meiner Jugend hatte ich den Kleinen Katechismus Luthers gelernt, nun kam der Heidelberger Katechismus dazu, und darüber freue ich mich nicht wenig, daß ich nun die Schönheit und Kostbarkeit beider Katechismen erfahren habe und mit Lutheranern wie Reformierten gleicherweise verbunden bin. Ebenso wie ich mich freue, mit Luther bekennen zu können:

»Ich glaube, daß Jesus Christus, wahrhaftiger Gott, vom Vater in Ewigkeit geboren, und auch wahrhaftiger Mensch, von der Jungfrau Maria geboren, sei mein Herr, der mich verlorenen und verdammten Menschen erlöset hat, erworben, gewonnen von allen Sünden, vom Tode und von der Gewalt des Teufels –«; so freue ich mich auch, mit dem Heidelberger Katechismus zu bekennen: »Das ist mein einiger Trost im Leben und im Sterben, daß ich mit Leib und Seele, beides, im Leben und im Sterben, nicht mein, sondern meines getreuen Heilandes Jesu Christi eigen bin –, der mit seinem teuren Blute für alle meine Sünden vollkömmlich bezahlet und mich aus aller Gewalt des Teufels erlöset hat und also bewahret, daß ohne den Willen meines Vaters im Himmel kein Haar von meinem Haupte fallen kann, ja auch mir alles zu meiner Seligkeit dienen muß. Darum er mich auch durch seinen Heiligen Geist des ewigen Lebens versichert und ihm forthin zu leben von Herzen willig und bereit macht.«

Dadurch, daß mein Lehrmeister Pastor Kühn eine freundliche Stellung zu den Gemeinschaftsleuten einnahm, hat er mir für das ganze Leben einen wichtigen Dienst getan. Dieses war keine Selbstverständlichkeit. Das taten die andern Pfarrer von Siegen nicht. Einen hörte ich einmal über entschiedene Christen predigen und wie sie beschaffen seien. Dann unterbrach er sich und sagte: »Dafür kennt ihr mich ja, daß ich damit nicht die Heuchler und Pharisäer meine, die sich besser dünken als andre, die sich für ›bekehrt‹ ausgeben und andre für ›unbekehrt‹ halten.« Und in der Kreissynode wurde ständig über die Versammlungen berichtet unter der Überschrift: »Dissidentenwesen.« Alles Protestieren gegen diese Überschrift war umsonst, der Superintendent blieb bei dieser Bezeichnung.

Pastor Kühn stand unter den Pastoren der Stadt Siegen ganz allein auf der Seite der Gemeinschaftsleute, und im ganzen Siegerlande waren es nur etwa fünf Pastoren damals, die es mit ihnen hielten.

Während ich sein Vikar war, hatte er einen Vortrag auf

dem Kongreß für Innere Mission in Posen zu halten. Seiner Gewohnheit gemäß besprach er diesen Vortrag vorher mit mir. Eine These dieses Vortrags ist mir noch deutlich in Erinnerung geblieben. Es war wohl der Gipfelpunkt des Vortrages. Er sagte: »Eine gut behandelte Gemeinschaft ist ein Damm gegen Sektiererei, eine schlecht behandelte dagegen ist eine Brücke zur Sektiererei.«

Wie oft habe ich die Wahrheit dieses Satzes erfahren! Wenn der Pfarrer von der Kanzel vor den Gemeinschaftsleuten warnt, dann ist es kein Wunder, wenn sie zu den Adventisten und Neuapostolischen und anderen Richtungen übergehen, die schon längst um sie geworben haben. Wenn sich der Pfarrer aber freundlich zu den Gemeinschaftsleuten stellt, dann sind sie seine treuesten Kirchgänger, dann stehen sie betend hinter ihm.

Ein anderes Mal tat er einen Ausspruch, der sich mir auch tief eingeprägt hat. Von seiten der Gemeinschaftsleute war der Evangelist Elias Schrenk zu einer Evangelisation eingeladen worden. Eine Kirche war bei der Zusammensetzung des Presbyteriums für ihn nicht zu bekommen, so sprach er im Kaisergarten, einem großen Saal zwischen Siegen und Weidenau. Die Leute strömten nur so in die Versammlungen, daß sie überfüllt waren.

Als Pastor Kühn eines Tages auf einer Straße daherkam, die steil zur Stadt hinaufführte – sie hieß »Kampen« –, gesellte sich ein Gemeindevertreter zu ihm und sagte: »Nun, Herr Pastor, was sagen Sie denn nun, daß der Schrenk einen solchen Zulauf hat?« Da blieb Pastor Kühn stehen und sagte zu ihm: »Wenn ich hier den Kampen herauf eine schwere Karre zu schieben hätte und es käme einer und sagte mir: Soll ich Ihnen ein wenig schieben helfen? – dann würde ich zu ihm sagen: Mein Freund, schieben Sie nur mit, ich habe es noch immer schwer genug!« Und dann setzte er dem Frager auseinander, daß es eine schwere Arbeit sei, den Sauerteig unter drei Scheffel Mehl zu kneten, wie der Herr Jesus im Gleichnis sage. Da sei er für jede Hilfe dankbar.

Wie wichtig ist mir dieses Wort für meinen ganzen Dienst geworden!

Seit diesem Vikariatsjahr ist es mir ein Anliegen gewesen, für jede Predigt eine Disposition zu haben, daß sie nicht nur leicht behalten wird, sondern daß man daran auch einen Leitfaden durch die Predigt bekommt, an dem man sie dann auch behalten und mitnehmen kann.

Und noch eins habe ich bei ihm gelernt, was mir für meinen ganzen späteren Dienst wichtig geworden ist, das ist der Gebrauch des Losungsbüchleins der Brüdergemeine. Das pflegte er immer bei sich zu tragen. Wenn er einen Krankenbesuch machte und etwas über den Stand der Krankheit gesprochen hatte, zog er das Losungsbüchlein hervor und sagte: »Nun wollen wir noch ein Wort Gottes miteinander lesen.« Dann las er die Losung oder den Lehrtext des Tages und sagte: »Die heutige Losung steht . . .« Dann konnte niemand denken, er habe dieses Wort gewählt, um dem Kranken oder seinen Angehörigen eins zu »versetzen« oder »auszuwischen«. Das Wort des Tages gab dann einen guten Anknüpfungspunkt, um eine kurze Auslegung und Andacht folgen zu lassen. Und ebenso ungesucht und wie selbstverständlich schloß er dann: »Und nun wollen wir noch miteinander beten!«

Wenn alle Pastoren das von ihm lernen wollten, würde bei den Krankenbesuchen gewiß mehr herauskommen!

Auch bei Amtshandlungen benutzte er gern das Losungsbüchlein. Wie oft hörte ich ihn sagen: »Die heutige Losung ist so recht ein Wort für diese Stunde.« Und dann sprach er darüber, kurz und eindringlich, so daß das Wort unvergeßlich eingeprägt wurde.

Während dieses Vikariatsjahres mußte ich mein zweites theologisches Examen machen. Ich war so beschäftigt durch Predigten, Konfirmandenstunden und Krankenbesuche, daß ich mit einiger Sorge ins Examen ging, weil ich so wenig Zeit dafür hatte. Wie froh und dankbar war ich, daß ich es mit »wohl bestanden« machen konnte. Das war eine besondere Freundlichkeit des Herrn.

»Und nun müssen Sie sich um eine Pfarrstelle bewerben!« sagte Pastor Kühn zu mir.

Da wurde eine Stelle am Niederrhein ausgeschrieben. Pastor Kühn kannte den Ort, er kannte auch den Superintendenten. »Ich werde Ihnen ein Zeugnis ausstellen«, sagte er mir, »dann wird es Ihnen an nichts fehlen. Ich denke, diese Stelle ist Ihnen sicher!« und ich bewarb mich um die Stelle – und er schrieb mir ein Zeugnis – und ich wartete auf die Aufforderung zur Probepredigt. Und – diese Aufforderung kam nicht. Es kam nie eine Antwort auf diese Bewerbung und auf das Zeugnis – bis auf den heutigen Tag. Gott hatte einen andern Weg für mich. Der Weg an den Niederrhein wäre nicht der rechte gewesen, denn – »Er führet mich auf rechter Straße um seines Namens willen.«

Mein Weg ging vorübergehend nach Werl und dann nach Weidenau, zurück ins Siegerland, das meine Hochschule für das innere Leben werden sollte.

In Werl

Werl ist ein katholischer Wallfahrtsort mit großen katholischen Kirchen und einem kleinen evangelischen Kirchlein am Rande der Stadt. Hier sollte ich bis zur Neubesetzung der Pfarrstelle bleiben.

Unvergeßlich ist mir eine Geschichte geblieben, die ich in Werl miterlebte. Eine Zeitlang war Werl ganz voll davon.

Ein junges Mädchen, das aber nicht zu unserer evangelischen Gemeinde gehörte, bekam einen Heiratsantrag von einem jungen Manne. Sie konnte aber kein Vertrauen zu ihm gewinnen, zumal sie auch von andern vor ihm gewarnt wurde, da er ein roher Mensch sei. Darum lehnte sie seinen Antrag ab. Das empörte ihn und er beschloß, sich an ihr zu rächen. Er erfand ein gemeines Gerede über das Mädchen, in dem er ihre Ehre und Unschuld in den Schmutz zog. Zwar war kein wahres Wort daran, aber er erzählte es diesem und jenem und die sagten es weiter, natürlich, »unter dem Siegel der Verschwiegenheit«, vielleicht noch mit gutgespielter moralischer Entrüstung – und so ging das Gerede wie ein Lauffeuer durch die ganze Stadt: »Haben Sie schon gehört, was die gemacht hat? Das hätte ich von der doch nicht gedacht!« Endlich erfuhr es das

Mädchen auch, was man sich da über sie erzählte. Es war ihr ganz schrecklich, als sie hörte, daß man ihre Ehre und ihren guten Namen so besudelte. Sie wagte sich gar nicht mehr auf die Straße und mied die Menschen. Sie saß in ihrer Stube und grübelte und grübelte, bis sich ihr Geist umnachtete. Und in diesem Zustand der Schwermut ging sie eines Nachts ins Wasser und machte ihrem Leben ein Ende.

Wer hatte sie umgebracht? Nicht nur jener Rohling, der das Gerücht erfunden hatte, sondern auch alle die Männer und Frauen, die so eifrig gewesen waren, zu reden und zu richten: »Haben Sie schon gehört, was die gemacht hat?« Oh, was können doch böse Zungen anrichten! Sie können buchstäblich und tatsächlich einen Menschen töten.

In meine Arbeit kam eines Tages ein Brief aus Weidenau bei Siegen von dem Kirchenältesten und Gemeindevorsteher Saßmann. Darin wurde ich gefragt, ob ich nicht bereit wäre, eine Gastpredigt in Weidenau zu halten. Man wolle bei dem Anwachsen der Gemeinde einen dritten Pfarrer anstellen, und da habe man an mich gedacht.

Ich überlegte mir die Antwort nicht lange. Ich lehnte ab. Als ich Vikar in Siegen gewesen war, hatte ich an den Zusammenkünften der Kandidaten-Konferenz teilgenommen, die wohl alle vier Wochen in Kreuztal stattfanden. Es war damals eine ganze Anzahl von Kandidaten in der Synode Siegen: der Synodalvikar, etliche Lehrvikare, persönliche Hilfsprediger, Kandidaten, die als Rektoren und Lehrer an höheren Schulen arbeiteten, kurz, eine ganze Zahl. Da war ich auch mit dem Hilfsprediger bekannt geworden, den der alte Pfarrer von Weidenau hatte. Und nun hielt ich es für unbrüderlich, diese Einladung anzunehmen, weil der Hilfsprediger sich, wie ich wußte, auf die Stelle Hoffnung machte, und weil ich wußte, daß auch der Pfarrer seine Wahl wünschte. Mit Rücksicht darauf lehnte ich darum die Einladung zu einer Gastpredigt ab.

Es dauerte nicht lange, da schrieb Herr Saßmann noch einmal. Er könne meine Gründe doch nicht recht anerkennen. Ich wolle nicht kommen aus Rücksicht auf den Kollegen, die Rücksicht auf die Gemeindeglieder sei aber doch von größerer Bedeutung. Darum erneuere er noch einmal, und zwar nicht nur in seinem eigenen Namen, sondern auch im Namen vieler Freunde, die Bitte, ich möge doch kommen und meine Gastpredigt halten.

Ich lehnte zum zweiten Mal ab. Die Rücksicht auf den Kollegen schien das von mir zu verlangen.

Da kam ein Brief von meinem Lehrmeister, Pastor Kühn. Herr Saßmann sei bei ihm gewesen und habe ihm gesagt, daß ich zweimal seine Einladung abgelehnt hätte. Was mir denn eigentlich einfiele! Und was ich für ein hochmütiger Mensch sei! Ich schiene zu denken, wenn ich nur käme, dann würde ich auch sofort gewählt! Und wie ich mir erlauben könne, Vorsehung zu spielen! Wenn Gott mich etwa zum Pfarrer von Weidenau bestimmt habe, wie ich dazu komme, nein zu sagen! Hier handle es sich gar nicht um Rücksicht auf den Hilfsprediger, sondern um die Rücksicht auf die Gemeinde, die von mir erwarte, daß ich ihr Brot des Lebens reichen würde. Und wenn ich auf den Kollegen Rücksicht nehmen wolle, so wäre dieser Rücksichtnahme durch meine zwei Absagen Genüge geschehen. Der Schluß hieß: Er habe den Herrn Saßmann gebeten, noch ein drittes Mal zu schreiben. Und er erwartete von mir, daß ich nun endlich zusagte.

Der dritte Einladungsbrief – jetzt offiziell im Namen und Auftrag des Presbyteriums – kam, und – ich nahm die Einladung an, am 1. Advent eine Gastpredigt in Weidenau zu halten.

An eine Wahl dachte ich kaum. Mein Gedanke war nur: Wenn sie es durchaus haben wollen, dann machst du eben auf Kosten der Gemeinde eine Reise ins Siegerland und besuchst deine alten Freunde dort. Ich bemerke dabei in Klammern, daß dieser Gedanke sich als irrig erwies: Man vergaß nämlich, mir die Reisekosten zu erstatten!

So reiste ich denn am Freitag vor dem ersten Advent nach Siegen, um am Samstag mit meinen alten Bekannten zusammen zu sein. Die beiden alten verwitweten Schwestern, bei denen ich gewohnt hatte, nahmen sich meiner liebevoll und mütterlich an. Der junge Vikar mit dem kranken Hals tat ihnen so leid, und da hegten und pflegten sie mich, als ob ich ihr Sohn wäre.

Denn kaum kam ich mit der Bahn ins Siegerland, zeigte sich mein altes Halsleiden wieder. Ich mußte am Samstag im Bett bleiben, von Frost geschüttelt, daß mir die Zähne klapperten. Alle Wärmsteine und Wärmflaschen, die es im Hause gab, mußten herbeigeholt werden, um diesem Frost zu wehren. Aber aus dem geplanten Zusammensein wurde nichts.

Der Sohn des Hauses las mir auf meine Bitte einmal die Predigt vor, die ich geschrieben hatte. Das war meine Vorbereitung auf die mit solchem Eifer erbetene Gastpredigt! Bei mir selber dachte ich: »Es ist ja ganz unmöglich, daß ich morgen predigen kann. Aber das tut ja nichts! Dann sehen eben die Freunde in Weidenau, daß es nicht sein soll!«

Nach einer Fiebernacht stand ich am Sonntagmorgen auf. Ich hatte überhaupt keine Stimme. Ich konnte nur leise flüstern. Das Eßzimmerchen war nur ganz klein – und darin konnte ich mich nicht verständlich machen! Wie sollte das gehen?

Die Zugverbindung muß wohl nicht gut gewesen sein, denn ich ging zu Fuß. Mein Freund Ludwig Roth, mit dem ich so manches Gespräch über das Blut Jesu Christi geführt und der mir dadurch zum Segen geworden war, holte mich ab. So wanderten wir durch die lange Sandstraße und durch die Vorstadt Sieghütte nach Weidenau und stiegen den Kirchberg hinan.

Die Glocken füllten das ganze Siegtal mit ihrem Dröhnen. Und die Leute strömten. Ach, wie würden sie enttäuscht sein, wenn sie unverrichteter Sache wieder umkehren müßten!

In der Frühkirche, in der ich zu predigen hatte, gab es keine Liturgie. So war mein erstes Wort nicht vom Altar, sondern von der Kanzel aus zu sprechen. Mit Bangen stieg ich die Treppe hinauf. Was für eine hohe Kanzel! Was für eine große Kirche! »Herr, wenn du willst, daß ich jetzt predigen soll, dann hilf mir! Ich habe keine Stimme!« So betete ich, als ich während des letzten Verses des Predigtliedes auf der Kanzel kniete. Nun schwieg der Gesang. Nun schwieg auch die Orgel. Nun mußte ich sprechen –

Und ich konnte sprechen mit einer Stimme, laut und klar, daß sie auch im letzten Winkel verständlich war. Ich stand unter dem Eindruck: »Das hat Gott getan! Das ist ein Wunder! Er will dich hier haben!«

Ich weiß noch gut, worüber ich predigte. Es war das Wort Johannes 1,11 und 12: »Er kam in sein Eigentum, und die Seinen nahmen ihn nicht auf. Wie viele ihn aber aufnahmen, denen gab er Macht, Gottes Kinder zu werden, die an seinen Namen glauben.« Ich hatte die Teilung: die Aufnahme, die er erfährt, und den Segen, den er beschert.

Mit großer Frische und Freudigkeit habe ich gepredigt, von dem Bewußtsein erfüllt: Der Herr will es! Gott will es! Und obwohl man im Siegerlande lange Predigten liebt – unter dreiviertel Stunden habe ich nie predigen dürfen –, reichten Hals und Stimme aus. Das Fieber war fort. Ich fühlte mich ganz gesund.

Nachher besuchte ich Herrn Saßmann. Der wunderte sich nicht wenig, als ich ihm sagte, daß ich am Morgen gar keine Stimme gehabt und am Tage vorher krank im Bett gelegen hätte. Er meinte, das habe kein Mensch gemerkt.

Es war mir ganz klar, der Herr wollte mir zeigen, daß mich sein Wille nach Weidenau führte. Von Stund an war es mir keinen Augenblick zweifelhaft, daß ich gewählt werden würde. Es dauerte auch nur etwa acht Tage, da erhielt ich in Werl ein Telegramm mit den Worten: »Beglückwünsche Sie als Pfarrer von Weidenau.«

Wie ich nachher erfuhr, war es nur eine knappe Majorität, die ich erhalten hatte. Neununddreißig Stimmen waren auf mich gefallen und vierunddreißig auf den Hilfsprediger. Ohne die vorangegangenen Ereignisse hätte ich die Wahl bestimmt abgelehnt und gesagt: Unter diesen Umständen kann ich nicht kommen. Aber die eigenartigen Vorkommnisse vor und bei der Gastpredigt machten es mir völlig gewiß, daß ich die Wahl anzunehmen hatte. So sagte ich denn auch bald zu.

Aber ich mußte bis zur Ankunft des neuen Pfarrers noch in Werl bleiben. Weihnachten kam, das erste Weihnachten allein in der Fremde. Die ganze Festlichkeit des Heiligen Abends bestand darin, daß ich alle drei Gasflammen am Kronleuchter in meinem Zimmer anzündete. Sonst war mir wenig weihnachtlich zumute. Ich bewohnte in einem Wirtshaus zwei Zimmer. Unter meinem Zimmer war die Gaststube. Da saßen sie und spielten Karten – am Heiligen Abend. Ich hörte, wie sie die Karten auf den Tisch schlugen: »As!« »Treff!« »Herz!«

Und ich sollte doch am andern Morgen der Gemeinde eine Weihnachtspredigt halten und sie froh machen durch die frohe Botschaft! Da schaltete ich das Hören auf die Kartenspieler ab und dachte in die Vergangenheit zurück: An die Weihnachtsabende, die ich im Elternhaus verlebt hatte, von viel Liebe und Gaben umgeben – und dann an das Weihnachtsfest in Dahlerbrück, wo ich es endlich hatte glauben können: Kein Weihnachtsmärchen, sondern eine Weihnachtsgeschichte – und an das wunderbare Erleben mit meinem kranken Hals und der Hilfe Gottes – bis hin zu der Adventserfahrung in Weidenau. Da wurde es mir groß und anbetungswürdig, daß Gott so sehr die Welt geliebt hat, daß er seinen eingeborenen Sohn gab, zum Heiland und Helfer für Seele und Leib – und am andern Morgen konnte ich vor die Gemeinde treten, um ihr aus tief innerem Glück heraus zu sagen: »Siehe, ich verkündige euch große Freude!«

Dann kam der neue Pfarrer, und ich konnte noch einmal ein paar Wochen ins Elternhaus nach Münster zurückkehren.

Ich war noch nicht ganz fünfundzwanzig Jahre alt. Man konnte aber – damals wenigstens war es so – erst Pfarrer werden, wenn man fünfundzwanzig Jahre alt war. Da sagte mir der Generalsuperintendent: »Es ist wohl besser, wir warten die paar Wochen mit der Bestätigung, bis Sie Ihren Geburtstag gehabt haben. Sonst muß die Sache an den Oberkirchenrat nach Berlin gehen – und dann dauert es aller Wahrscheinlichkeit nach noch länger.«

So verlebte ich noch etliche Wochen in Münster. Und das war mir eine große Freude. Meine Mutter war gefallen und hatte sich eine Beinverletzung zugezogen, und an dieser leidenden Stelle, im Kniegelenk, hatten sich Tuberkeln festgesetzt. Alle Bemühungen der Ärzte, durch Einspritzungen ins Knie hinein und durch feste Gummistrümpfe die Tuberkeln in die Blutbahn zu treiben und sie unschädlich zu machen, scheiterten. So blieb endlich kein andrer Rat mehr, als das Bein bis ans Knie zu amputieren.

Sie lernte es gut, mit einer Prothese zu gehen, wenn sie sich auf einen Stock stützte. Und draußen fuhr sie in einem Fahrstuhl. Ich habe sie in dieser Zeit oft ausgefahren! So manches vertraute Gespräch durfte ich da mit ihr haben!

Wenn sie auch immer eine fromme Frau gewesen war, so hatte ihr doch eins gefehlt, was ja vielen frommen Kirchenchristen fehlt: die Gewißheit ihres Heils. Ich weiß noch, wie sie mich einmal gefragt hat: »Was meinst du, ob ich auch wohl genug getan habe, um in den Himmel zu kommen?«

Als ich zum Glauben gekommen war, habe ich das natürlich auch nach Hause geschrieben. Nun wäre es ja ganz recht gewesen, wenn ich mich darauf beschränkt hätte, ein Zeugnis von meiner Bekehrung abzulegen. Aber ich werde wohl auch geschrieben haben, die Eltern müßten sich auch bekehren. Und das war nicht recht. Jenes Wort ist wahr: Du sollst deine Eltern ehren, aber nicht bekehren! So bekam ich denn auch von meinem Vater eine Antwort, in der er sich solche Briefe von mir ein für allemal verbat.

Aber dann war ich in den Ferien ins Elternhaus gekommen. Ich wußte, daß ich nichts sagen durfte. Darum betete ich: »Herr, hilf, daß sie etwas zu sehen bekommen!«

Meine Mutter hatte mir meines jähzornigen Temperaments wegen in meinen jüngeren Jahren den Namen »Kriddelkopf« gegeben. Jetzt beobachtete sie mich und sagte nach etlichen Tagen: »Sag mal, Ernst, du bist ja gar kein Kriddelkopf mehr!« »Nein, Mutter; das hat Jesus mir weggenommen!« »Ach, erzähl doch mal!« Und nun konnte ich ihr Jesus bezeugen und das wunderbare Heil, das er uns am Kreuz erworben hat. Das war der Anlaß, daß meine Mutter zur Gewißheit ihres Heils kam – und bald darauf auch mein Vater.

Weidenau – Last und Lust

Es war ein bitter kalter Tag, der 7. März des Jahres 1895, an dem ich in Weidenau ordiniert und in mein Amt eingeführt wurde. Hoch lag der Schnee in den Straßen, und ein eisiger Wind wehte.

Am Abend vorher war ich von Siegen, wo ich bei meinen früheren Hauswirtinnen abgestiegen war, feierlich im Wagen abgeholt worden. Pfarrer Bergmann, der zweite Pfarrer, der gerade den Vorsitz im Presbyterium führte, richtete – was mir zum ersten Male im Leben begegnete – eine Ansprache an mich, auf die ich mit wenigen Worten antwortete, in denen ich mein Vertrauen aussprach, daß mir der Herr, der mich so augenscheinlich nach Weidenau gerufen habe, Kraft und Gnade geben werde, den Anforderungen zu entsprechen, denen ich mit meinen jungen Jahren ja nicht gewachsen sei.

Meine Eltern waren auch gekommen, um den Tag mitzuerleben, an dem ihr Jüngster »in Amt und Würden« kam.

Die Ordination vollzog der Superintendent Köhne von Netphen, wobei mir auch Pastor Kühn von Siegen und Pastor Grote von Oberfischbach die Hände auflegten. Dann hielt ich meine Antrittspredigt über das Wort: »Und ich, liebe Brüder, da ich zu euch kam, kam nicht mit hohen Worten oder hoher Weisheit, euch zu verkündigen die göttliche Predigt. Denn ich hielt mich nicht dafür, daß ich etwas wüßte unter euch, ohne allein Jesum Christum, den Gekreuzigten.« Das ist mein Bestreben gewesen und geblieben, ja, das ist es immer mehr geworden, nicht mit hohen Worten, sondern so schlicht und einfach wie nur möglich die göttliche Predigt zu verkündigen.

Ich wollte nicht über die Köpfe der Zuhörer hinwegreden. Ich wollte aber auch nicht zu den Köpfen sprechen, sondern ich zielte tiefer, auf die Herzen. Darum habe ich nie apologetisch gepredigt, d.h. den Glauben verteidigt, sondern ich habe meine Zuhörer vor eine massive biblische Weltanschauung gestellt und von diesem Boden aus ein Zeugnis von erfahrener Gnade abgelegt.

Im Siegerland predigte man nicht über die sonntäglichen Perikopen, die vorgeschriebenen Evangelien, oder Episteln, sondern über freie Texte. Und da fing ich an, über solche Worte zu predigen, die in den alten Bibeln fett gedruckt standen, über Kernworte wie: »Wer zu mir kommt, den werde ich nicht hinausstoßen« oder »Jesus Christus gestern und heute und derselbe auch in Ewigkeit« oder »Das Wort vom Kreuz ist eine Torheit denen, die verloren werden, uns aber, die wir selig werden, ist es eine Gotteskraft.«

Als ich eine Weile so gepredigt hatte, da überkam mich mit einem Male die Sorge: Worüber willst du aber predigen, wenn du mit all diesen Kernworten der Bibel fertig bist?

Nun sind seitdem über vierzig Jahre vergangen – und ich bin noch immer nicht fertig geworden! Was für eine Schatzkammer ist doch das Wort Gottes! Wie ein Bergwerk kommt es mir vor, in das man immer tiefer hinabsteigen kann, um immer neue Schätze zu heben.

Sehr bald fing ich an, über fortlaufende Texte zu predigen. Die Geschichte des Feldhauptmanns Naeman behandelte ich in einer Reihe von Predigten, die Geschichte Abrahams, Elisas, des Propheten Elia, des jungen Joseph in Ägypten und andere. Gerade diese Lebensbilder des alten Testaments haben es mir besonders angetan. Was für eine Fülle biblischer Wahrheiten und Lebensweisheiten ist darin enthalten! Was kann man aus diesen Lebensbildern von Menschen lernen, die unter göttlicher Führung standen!

Wenn man heute so verächtlich über das Alte Testament und die Männer redet, von denen uns darin erzählt wird, so sage ich: Man kennt diese Geschichten gar nicht, man hat sich gar nie recht hineingelesen und hineingelebt. Das tut man aber, wenn man Woche um Woche so ein Lebensbild durchpredigt. Dann lebt man ganz mit dem Menschen, über den man predigt, man lernt ihn ganz anders kennen, als wenn man die Kapitel, die von ihm erzählen, nur flüchtig und oberflächlich durchliest, oder wenn man gar mit vorgefaßten Meinungen an die Geschichte geht.

Ich habe diese alttestamentlichen Lebensbilder nicht nur durchgelesen, ich habe sie durchgebetet, durchgearbeitet und dann durchgepredigt. Und so habe ich tiefen Segen empfangen und weitergeben können.

Diese fortlaufenden Predigten übten eine ganz wunderbare Anziehungskraft aus. Jede Predigt schloß gewissermaßen mit einem »Fortsetzung folgt«. Da wollten die Leute doch hören, »wie es weiterging«. So hatte ich jeden Sonntag eine ganz volle Kirche, d.h. es waren jeden Sonntag eintausendfünfhundert Menschen in der Kirche. Die evangelische Einwohnerschaft von Weidenau betrug etwa fünftausend Seelen. Was war das für ein Prozentsatz!

Aber diese volle Kirche, diese aufmerksame Zuhörerschaft legte sich mir wie eine schwere Last auf die Seele. Welche Verantwortung, so vielen Menschen das Wort des Lebens zu verkündigen!

In den Propheten stößt man auf ein merkwürdiges Wort, das heißt: »Dies ist die Last Jahves.« Das steht manchmal an einer Stelle, wenn der Prophet einen Gottesausspruch verkündigen soll, eine Botschaft von Gott, die ihm aufgetragen ist. Wie habe ich diese »Last« empfunden!

Wenn die Glocken zur Kirche läuteten, dann überfiel mich diese »Last« oft in so starkem Maße, daß ich mich körperlich angegriffen und elend fühlte. Da habe ich manchmal gedacht, wenn doch heute niemand käme! Wenn ich doch heute nicht predigen müßte!

Das dauerte, bis ich – die Kanzeltreppe hinaufgestiegen war und noch einmal betend mich mit all meiner Last dem Herrn anbefohlen hatte. Dann stand ich auf der Kanzel wie ein Kapitän auf der Kommandobrücke. Dann war aller Druck vorbei und ich wußte: Gott steht hinter mir.

Ich habe in meinen jungen Jahren oft gewünscht, daß diese Last mir abgenommen würde. Aber Gott hat sie mir nicht genommen. Ich trage diese Last noch heute. Und ich möchte sie auch gar nicht mehr missen. Ist doch diese Last nichts anderes als das Bewußtsein der ungeheuren Verantwortung, die auf einem Prediger des Evangeliums liegt.

Ich habe aber auch die Lust des Predigers kennengelernt. Was ist das doch für eine Freude, hungrigen Menschenherzen Brot des Lebens zu reichen, Durstige zu dem Quell lebendigen Wassers zu führen! Ich kenne keine größere Freude als die, das Evangelium zu verkündigen.

In Weidenau wurde mir das Predigen durch die rege Aufmerksamkeit der Zuhörer besonders erleichtert. Da saßen sie alle, die alten Brüder aus der Versammlung, jeder an seinem bestimmten Platz. Hier saß der Ludwig und da der Henner und dort der Jakob! Und wie lauschten sie gespannt! Und das war auf ihren Gesichtern zu lesen, wie sie das Wort aufnahmen! Ich sehe noch immer das Gesicht von Jakob Stähler vor mir, der so ein besonders »lesbares« Gesicht hatte, auf dem es deutlich abzulesen war, wie ihm das Wort »mundete«. Oder ich sah, wie Ludwig Roth mit einem Mal die Hand über das Gesicht deckte. Dann wußte ich: Jetzt betet er!

So treu und regelmäßig waren sie auf ihren Plätzen, daß ich am Montag hingehen und fragen konnte, ob jemand krank sei, wenn der Platz in der Kirche leer geblieben war.

Wenn ein Säemann Samen aufs Land streut, dann erwartet er, daß der nach etlichen Wochen aufgeht, daß grüne Spitzen die Erde durchbrechen. Was würde wohl ein Landmann sagen, wenn nichts aufginge?

So habe ich, wenn ich den Samen des Wortes ausstreute, auch erwartet, daß er aufgehen und Frucht bringen werde. Ich hätte mich nie damit zufriedengeben können, wie ich das aus dem Munde manches alten Pfarrers gehört habe: »Die Ewigkeit wird es einmal deutlich machen!« Wenn die Zeit nichts offenbart, dann fürchte ich, wird es die Ewigkeit auch nicht tun! Ich habe erwartet, daß die Saat aufging. Denn »der Same ist das Wort«, und zwar der beste, den es in der Welt gibt. Und ich habe es auch erfahren dürfen, immer wieder erfahren dürfen, daß der Same aufging und Frucht brachte für die ewigen Scheunen. Gott sei dafür gelobt!

Am eigenen Herd

Als ich ein Jahr lang Pfarrer in Weidenau gewesen war, führte ich meine Braut heim.

Im Kirchenchor in Münster hatten wir uns kennengelernt, wo sie mir durch ihr schlichtes und herzliches Wesen auffiel. So hatte ich mich ihr genähert und unsere Herzen hatten sich gefunden. Sie war die Tochter des Gefängnisinspektors in Münster, die Älteste von drei Töchtern.

Es war mein Wunsch, die Hochzeit gleichzeitig mit meiner Einführung ins Pfarramt zu halten. Aber meine Mutter riet davon ab. Sie meinte, es sei richtiger, wenn ich erst allein nach Weidenau ginge und mich dort einlebte und einarbeitete. Das könne ich viel besser, wenn ich zuerst unverheiratet wäre. Ich mußte meiner Mutter recht geben, darum befolgte ich ihren Rat und schob die Hochzeit noch ein Jahr hinaus. Diese Zwischenzeit verlebte meine Braut zum Teil bei meinen Eltern, denn meine Mutter sagte: Ernst wird sich am glücklichsten in der Ehe fühlen, wenn Hedwig es so macht, wie er es von der Mutter gewöhnt ist, und darum sollte sie lernen, wie es bei uns zugeht. Und auch darin hat die Mutter recht gehabt. Wenn ich später in meiner Ehe so glücklich geworden bin, so danke ich es auch diesem weisen Rat meiner Mutter.

Jedesmal, wenn ich nach Hause kam, freute ich mich zu sehen, wie meine Eltern sie wie eine Tochter liebgewonnen hatten. Und die höchste Freude war es mir, als meine Mutter mich einmal ganz geheimnisvoll beiseite nahm und mir sagte: »Junge, du kriegst eine liebe Frau!« Und als ich das meiner Braut wiedererzählte, antwortete sie mir: »Und ich kriege eine liebe Mutter.«

So ist das auch geblieben, bis Gott mir meine Frau nach wenigen Jahren des Glücks nach langer und schwerer Krankheit von der Seite nahm.

Am 9. April 1896 fand die Trauung statt und nach einer kurzen Hochzeitsreise in die Sächsische Schweiz wurden meine Frau und ich in Weidenau von einer großen Menschenmenge in das festlich geschmückte Heim geleitet.

Das Siegerland hat ein reges geistliches Leben, darum

auch viele christliche Vereine. So kam es, daß häufig Festredner von auswärts gerufen wurden. Viele davon haben wir in unserem Hause beherbergt und erfuhren so, daß das Wort des Hebräerbriefes wahr ist: »Gastfrei zu sein vergesset nicht, denn dadurch haben etliche ohne ihr Wissen Engel beherbergt.«

Der erste Gast, der sich in unser Gästebuch einschrieb, war Samuel Keller. Ich weiß noch, daß wir bei Tisch darüber sprachen, ob Predigten Dispositionen haben sollten oder nicht. Er meinte, ein Rechtsanwalt sage auch nicht die Punkte vorher, über die er sprechen wolle, sondern er rede einfach darüber. Demgegenüber vertrat ich die Ansicht, daß es doch ein guter Leitfaden durch die Predigt sei, wenn die Teilung bekanntgegeben werde, und daß man an diesen paar Leitsätzen die Predigt besser behalten und eher etwas davon mitnehmen könne. Ich bekenne, daß ich es noch immer für gut halte, wenn der Prediger die Teile der Predigt am Anfang bekanntgibt.

Ein anderer Gast war Adolf Stoecker, der im Kaisergarten in Siegen eine gewaltige Volksversammlung hielt, der in unserer Kirche predigte und im Vereinshaus eine stark besuchte Versammlung hielt. Der Zweck seines Kommens ging in Erfüllung: Er wurde wieder in den Reichstag gewählt.

So war es ein gesegnetes Heim, in dem wir leben durften. Unsre Freude und unser Glück wurde noch vermehrt, als Gott uns ein Töchterlein schenkte, das wir Gertrud nannten. Zuerst entwickelte es sich prächtig. Aber dann trat plötzlich eine Stockung ein. Hatte es schon ganz gut laufen können, so hörte diese Fähigkeit mit einem Mal wieder auf. Es wollte immer nur getragen werden. Dabei hatte das Kind immer merkwürdig naßkalte Hände. Der Arzt, den wir deswegen befragten, machte ein bedenkliches Gesicht. »Mit dem Kind werden Sie noch Last bekommen«, meinte er. »Es bekommt nach allen Anzeichen einen Riesenwuchs an Händen und Füßen.« Glücklicherweise hat sich diese Vorhersage des Arztes nicht erfüllt. Aber sonst ging es noch durch viel Not hindurch. Wenn die Kleine zu Bett gebracht war, dann hieß es: »Nun wieder runtergehn!« Und das wurde so oft wiederholt, bis es endlich geschah. Immer fürchtete sie: »Ich falle, ich falle.« Sie traute sich keinen Schritt mehr zu.

Wir waren ratlos. Da sagte uns ein alter Sanitätsrat, den wir befragten: »Wenn es nicht merkwürdig klänge bei einem so kleinen Kind, dann würde ich sagen: Das Kind ist hysterisch. Das einzige Mittel, das ich Ihnen empfehlen kann, ist: erziehlich auf das Kind einwirken und ihm nicht den Willen tun!« Ich antwortete, daß ich diesen Rat gern befolgen würde, ich hätte bisher nur gefürchtet, durch Nichtbeachtung der Wünsche das Übel zu verschlimmern. Als er wiederholte: »Nein, nein, hysterischen Personen gegenüber gibt es nur ein Heilmittel, und das heißt: freundlich und fest.«

Nach diesem Rezept haben wir dann gehandelt, und – in sehr kurzer Zeit war das Kind wieder ganz gesund und normal. Wenn sie wieder verlangte: »Nun wieder runtergehen!« dann hieß es einfach: »Nein, jetzt ist Schlafenszeit, jetzt machst du deine Augen zu und schläfst.« Und – es geschah.

Wie oft habe ich später im Leben an den Rat des alten Sanitätsrats Vorberg denken müssen, wie man hysterische Personen zu behandeln habe, daß das beste Heilmittel sei: »Freundlich und fest.« Ich bin öfter im Leben mit hysterischen Personen zusammengetroffen und habe immer gefunden, daß dieser Rat wirklich probat ist. Darum benutze ich gern die Gelegenheit, ihn weiterzugeben.

Heute ist meine älteste Tochter eine glückliche Frau und Mutter. Acht Kinder hat ihr Gott geschenkt, von denen er aber zwei wieder zu sich genommen hat. Von der schweren Krankheit in der frühesten Jugend ist nichts mehr zu spüren. Sie steht mit beiden Füßen auf dem Boden der Wirklichkeit, eine tüchtige Hausfrau und treusorgende Mutter.

Zu unserer Ältesten kam dann unsere Zweite, die den Namen Ruth erhielt. Auch mit ihr sind wir durch allerlei Nöte gegangen, jedoch erst, als sie schon älter geworden war. Aber auch hier erwies sich der Herr als unser Arzt. Sie ist Diakonisse geworden und hat nun als Leiterin einer

Haushaltungsschule eine besondere Aufgabe an den jungen Mädchen, denen sie nicht nur die Kenntnisse beibringt, die für den Haushalt erforderlich sind, sondern die sie auch zu Jesus zu führen sucht, was in vielen Fällen auch unter dem Segen Gottes gelingt.

Zu diesen beiden Töchtern kam dann noch – allerdings nicht mehr in Weidenau, sondern erst in Mülheim an der Ruhr, wohin wir später übersiedelten – unsere dritte Tochter Elisabeth hinzu.

Auch sie wuchs unter dem Segen Gottes auf, entschied sich ebenso wie ihre älteren Schwestern früh zum Glauben an Christus, so daß wir sie alle geborgen wissen dürfen in der Hand des guten Hirten. Sechs Kinder wachsen um Elisabeth auf.

Ich kann das Kapitel »Am eignen Herd« nicht schließen, ohne noch einer Geschichte Erwähnung zu tun, bei der meine Frau besonders beteiligt war und aus der ihr Bild besonders hervorleuchtet. Ich hatte einen Konfirmanden, der sich oft alle Mühe gab, mich zu stören und zu ärgern. Er war ein Waisenkind. Seine Eltern hatte er nie gekannt. Nun war er irgendwo untergebracht. Aber die alte Frau, bei der er lebte, war halb blind und halb taub – und Ferdinands Erziehung hätte eine starke männliche Hand erfordert. So wuchs er denn wild auf.

Eines Tages gab es eine Schlacht zwischen unsern Jungen und den Jugendlichen vom Nachbardorf. Natürlich war Ferdinand einer der Anführer. Steine flogen hin und her. Da faßt Ferdinand mit der Hand nach seinem Auge – ein Stein hat es getroffen. Der Arzt stellt fest: »Die Pupille hat einen Riß, die Sehkraft bekommt er nie wieder.« So war es auch.

Ich besuchte ihn. Aber er brütete nun Rache gegen die Jungen, denen er seine Schmerzen zu danken hatte. Es wurde schlimmer mit ihm statt besser.

Die Konfirmation war vorbei. Ich weiß nicht mehr, wie lange. Da gab es eines Sonntags auf dem Kirchweg eine Stockung. Ein Trupp halbwüchsiger Burschen versperrte den Kirchgängern spottend den Weg. Und ihr Anführer war – Ferdinand. Ich ging auf ihn zu. »Ferdinand, wenn du selber nicht zur Kirche gehst, dann laß doch wenigstens die in Ruhe, die zur Kirche wollen. Geh aus dem Weg!«

Überrascht gehorchte er. Aber die nachfolgenden Leute hörten, wie er wütend zu seinen Kameraden sagte: »Was fällt dem Pfaffen ein, mir auf offener Straße Vorhaltungen zu machen! Das lasse ich mir von keinem Menschen bieten!« Damit wollte er hinter mir her; aber seine Kameraden hielten ihn zurück: »Ferdinand, mach keinen Unsinn!« Ich mußte viel für ihn beten.

Bald darauf sah ich ihn mit ein paar Freunden auf der Straße stehen. Ich ging auf sie zu. Ich merkte, wie sie sich in Positur setzten, um etwaige Ermahnungen oder Vorwürfe trotzig zurückzuweisen. Aber ich sagte etwas ganz anderes: »Es tut mir so leid, Jungens, daß wir uns so selten jetzt sehen, nachdem ihr konfirmiert seid. Ich möchte euch einladen, mal an einem Abend dieser Woche zu mir zu kommen, so recht gemütlich, zum Abendbrot. Dann erzählt ihr, was ihr jetzt macht – –.«

Weiter kam ich nicht. Ferdinand lachte laut auf. »Wir sollten zu Ihnen kommen? Ist ja verrückt! Was sollten da wohl die Leute sagen?« »Was die Leute sagen, ist ja ganz einerlei. Wenn ich nur wüßte, daß ihr kämt, dann würde ich mich herzlich freuen.« Sie sahen sich an und lachten. Sie wußten nicht recht, was sie machen sollten. Ferdinand sagte: »Das müssen wir uns doch erst überlegen.«

»Gut«, sagte ich: »Überlegt es euch und dann gebt mir Bescheid! Wartet mal, ihr könnt es mir am besten Mittwochabend in der Bibelstunde sagen.« Da lachte Ferdinand wieder sein spöttisches Lachen: »Ich in die Bibelstunde?« »Ja, was ist denn dabei? Da kommen viele von deinen Kollegen hin. Da kannst du auch ganz getrost einmal hinkommen!« »Fällt mir ja nicht ein«, war seine Antwort.

Ferdinand kam in die Bibelstunde. Aber auf meine erneute Einladung hatte er nur ein »Wir wollen mal sehen!«

»Hedwig«, sagte ich zu meiner Frau am andern Tag, »heute mußt du mal etwas Besonderes tun. Heute mußt du mal gehörig Waffeln backen.«

Ferdinand sah erst die Waffeln an und dann meine Frau. »Haben Sie die wegen uns gemacht?«

»Ja, gewiß«, sagte sie mit fröhlichem Lächeln. »Meinst du denn, wir äßen alle Tage Waffeln? Die machen wir nur, wenn Besuch kommt!«

Ferdinand legte Messer und Gabel hin und sah meine Frau an. »Haben Sie wegen uns Waffeln gemacht?« »Nun ja, freilich! Aber nun müßt ihr auch ordentlich zugreifen! Es sind noch mehr draußen!«

Da war es, als ob Ferdinand etwas herunterwürgen müßte. Die Waffeln hatten ihn überwunden.

Am nächsten Montag meldete sich Ferdinand im »Jünglingsverein« an. Und dann kam er eines Abends zu mir. »Kommen Sie mit in ein anderes Zimmer«, befahl er. Ich wollte Licht anzünden. Er wehrte ab. »Ich habe Sie oft belogen«, kam es mit Anstrengung aus ihm heraus. »Ich habe öfter im Unterricht gefehlt und dann habe ich nachher gesagt, ich sei krank gewesen. Ich habe Sie belogen. Ich weiß auch, daß ich Ihnen manchmal Kummer gemacht habe. Wollen Sie mir das vergeben?«

Ich legte ihm die Hand auf die Schulter. »Von ganzem Herzen, Ferdinand. Aber es handelt sich nicht nur darum, daß ich dir vergebe, sondern vielmehr darum, daß der Herr Jesus dir vergibt. Du hast ihm Kummer gemacht. Komm, wir wollen beten und es ihm sagen!« Er wollte beten. Aber er konnte nicht. Er fing an zu weinen. Das Eis war gebrochen. Nun strömte sein Herz über.

Von diesem Abend an war er oft unser Gast. Namentlich an meiner Frau hing er mit großer Verehrung. Sie war der erste Mensch, der ihm Liebe erwiesen hatte. Die Waffeln hat er ihr nie vergessen. Es war wunderbar zu sehen, wie die stille, sanfte Frau den großen, starken Jungen leiten konnte, daß er alles tat, was sie wollte. Er ließ uns Blicke in sein leidenschaftliches Gemüt tun, daß uns manchmal schauderte.

»Ferdinand, du mußt ins Blaue Kreuz!« sagte meine Frau zu ihm. Und er unterschrieb die Verpflichtungskarte. Aber seine Kameraden verspotteten ihn so lange, bis er wieder abfiel. Meine Frau bat ihn, doch wieder zu unterschreiben. »Nein, diesmal nicht. In vierzehn Tagen ist Kriegerfest, da muß ich mit dabei sein.« Alles Bitten meiner

Frau war umsonst. Da sagte ich zu ihr: »Gut, wenn er nicht unterschreiben will, dann laß ihn in Ruhe! Wenn er es durchaus nicht will, dann muß er die Folgen tragen.« Damit ging ich hinaus, um für ihn zu beten. Es dauerte nicht lange, da kam meine Frau: »Er hat unterschrieben.« Sie hatte nur mit einem liebevollen Blick gesagt: »Ferdinand, wie kannst du deinen Pastor so betrüben? Mein Mann meint es doch gut mit dir!« Einen Augenblick kämpfte es noch in ihm, dann kommandierte er: »Geben Sie mir den Federhalter her!« – –

Als wir nach Mülheim übersiedelten, folgte er uns nach. Aber die Arbeit war ihm zu schwer. Er nahm zusehends ab. Der Arzt erklärte, daß er diese anstrengende Arbeit nicht mehr tun könne. Er feierte eine Zeitlang krank. Dann versuchte er es noch einmal. Aber es dauerte nicht lange, da mußte er wieder aufhören. Da entschloß er sich, nach Weidenau zurückzukehren. Er kam, um Abschied zu nehmen. Er kam an ein Krankenbett. Seine geliebte Frau Pastor lag darnieder, von schwerer Krankheit gezeichnet. Da stand der große junge Mensch an ihrem Bett – und weinte, als er seine mütterliche Freundin so elend daliegen sah. Noch einmal ermahnte sie ihn, mit seiner Bekehrung doch ganzen Ernst zu machen, noch einmal betete sie für ihn, noch einmal gab sie ihm die schmal und weiß gewordene Hand, die er behutsam und vorsichtig ergriff, dann ging er fort.

In der Zeitung lasen wir, daß ein Arbeiter W. bei einer Schlägerei ergriffen und verhaftet sei, weil er sich an dem Polizeibeamten vergriffen hatte. Ich schrieb hin – und richtig, es war unser Ferdinand!

Die Zeit verging. Auf dem Kirchhof in Mülheim war ein neues Grab gegraben. Sie war nicht mehr da, die mit mir betete und mit mir glaubte. Da kam ich wieder einmal nach Weidenau. Ich traf unsern Ferdinand. »Ferdinand, was für Wege gehst du?« Er gab keine Antwort. Da erzählte ich ihm von dem Schmerz, den meine Frau noch um ihn gehabt hätte, als wir von seiner Verhaftung in der Zeitung gelesen hatten. Da wandte er sich ab, um seine Tränen zu verbergen. So gingen wir auseinander. Ich habe ihn nicht wiedergesehen.

Wenn ich an Weidenau denke, muß ich Gott dafür danken, daß er mich dorthin geführt und mir in der dortigen Gemeinschaft das Gepräge gegeben hat, daß ich ein Mann geworden bin, der die Gemeinschaft der Kinder Gottes ebenso für ein Gnadenmittel hält wie das Wort Gottes, das Gebet und das Abendmahl. Diese vier sogenannten »Gnadenmittel« stehen in der Apostelgeschichte 2,42 ja auch ebenbürtig nebeneinander. Ich habe gefunden, daß man keins ungestraft vernachlässigt.

Ein heimlicher Bann

Immer neue Lektionen bekam ich in der Schule Gottes. Eine sehr wichtige Lektion war mir die, daß der heimliche Bann beseitigt werden muß, mit dem sich so manche durch das Leben schleppen; daß man mit seiner Vergangenheit ins Licht Gottes kommen muß, um sie göttlich in Ordnung zu bringen.

Eines Tages bekam ich Besuch. Es war ein Handwerksmeister, der mir eine Geschichte aus seiner Vergangenheit erzählte. Als er Lehrling war, hatte er einmal seinem Meister Geld entwendet. Jahre waren seitdem vergangen; immer stand die alte Geschichte vor seiner Seele und ließ ihm keine Ruhe. Er wollte gern zum Frieden mit Gott gelangen; aber all sein Beten und Flehen, all sein Ringen und Mühen war umsonst. Da merkte er endlich: diese alte Geschichte stand im Wege.

»Ich möchte Sie bitten«, sagte er, »mir zu helfen, daß diese alte Geschichte in Ordnung kommt.« Bei diesen Worten legte er – zwei Hundertmarkscheine auf den Tisch. Zweihundert Mark! Das war damals eine große Summe. »So viel?« sagte ich. »Es war nicht so viel«, sagte er, »aber mit Zinsen und Zinseszinsen mag es vielleicht so viel geworden sein. Ich will nichts mehr von dem entwendeten Gut behalten; der Herr soll mich und mein Leben ganz haben!«

Ich nahm das Geld und schickte es an seinen früheren Lehrherrn. Es dauerte nicht lange, da kam die Nachricht, daß das Geld angekommen und daß alles vergeben und vergessen sei.

Nun war die Bahn frei für den Segen Gottes, das Hindernis war beseitigt, das so lange im Wege gestanden hatte. Der Mann kam zum Frieden und zur Freude.

Das war das erstemal, daß ich damit zu tun bekam, alte Schuld göttlich in Ordnung zu bringen.

Bald darauf bekam ich die zweite Lektion auf diesem Gebiet. Die war sehr schwer und schmerzlich. Aber sie war mir gesund und nötig.

Eines Tages war ich im Krankenhaus gewesen, wo ich Kranke besucht hatte. Als ich auf die Hauptstraße zuging, sah ich dort einen Herrn gehen, der nicht gerade ein Freund der Gemeinschaftsleute genannt werden konnte. Bei verschiedenen Gelegenheiten war er mir gegenüber schon tüchtig über die Gläubigen hergezogen. Infolgedessen hatte ich kein Verlangen, mit ihm zusammenzutreffen. Ich ging darum ganz langsam, um ihm einen Vorsprung zu lassen. Es regnete, und ich hatte den Schirm aufgespannt. So konnte ich nicht weit sehen.

Als ich an die Hauptstraße kam und dachte, der betreffende Herr sei schon wer weiß wie weit, da stand er neben mir. Er hatte mich kommen sehen und auf mich gewartet. Ganz unerwartet stand er da und sprach mich an. »Sie kommen ja so langsam – haben Sie mich denn nicht gesehen?« »Nein!« »Sie müssen mich doch gesehen haben!« »Ich sagte es Ihnen doch schon, daß ich Sie nicht gesehen habe!«

O weh, da war die Lüge heraus – und die erste Lüge war durch eine zweite bekräftigt!

Ich kann der Wahrheit gemäß sagen: Ich hätte den Mut gehabt, ihm zu sagen: »Ich sah Sie wohl! Aber ich wollte nicht mit Ihnen zusammentreffen, weil ich ja Ihre Gespräche kenne.« Aber nun war er so plötzlich neben mir gewesen. Ich war durch seine Frage überrumpelt worden und hatte so schnell geantwortet, ohne mir zu überlegen, was ich sagte. Und dann hatte ich als Bekräftigung der ersten Lüge noch eine zweite hinzugefügt.

Nun wurde mir durch Gottes Heiligen Geist deutlich:

»Du mußt ihm das bekennen, daß du ihn belogen hast!«

Ich betete: »Lieber Gott, das geht doch nicht! Wie kann ich als gläubiger Pastor diesem Mann bekennen, daß ich ihn belogen habe! Das leidet doch Deine Ehre nicht!«

Der Herr machte mir klar: für seine Ehre brauchte ich in diesem Fall nicht zu sorgen, ich sollte nur hingehen und meine Lüge bekennen.

Ich hatte vor Gott die besten Ausreden und sagte ihm: »Herr, du weißt ja, daß ich die Lüge nicht habe sagen wollen; sie ist mir nur so herausgefahren, weil der Mann so unerwartet neben mir stand.«

Lüge ist Lüge, hieß die Antwort. Du hast gelogen und mußt die Lüge bekennen!

Es war eine schwere Zeit. Immer stand die Schuld zwischen mir und Gott. Mein Friede war gestört. Und doch fand ich nicht die Kraft, im Gehorsam das zu tun, was Gott von mir verlangte.

Monate vergingen, und die Sache war nicht geordnet. Da kamen die alljährlichen Allianzversammlungen in Siegen. Das Thema handelte von dem Heiligen Geist. Er sei ein Geist der Wahrheit und er nehme es mit der Wahrheit genau. Mir wurde heiß und kalt, während ich dem Wort zuhörte.

Da sagte ich mir: Du kommst nicht eher wieder, als bis die alte Geschichte aus der Welt geschafft ist! Am selben Mittag setzte ich mich hin und schrieb einen Brief. Ich wußte wohl, daß ich damit jenem Mann eine Handhabe gegen mich lieferte. Aber ich sagte mir: Wenn du wartest, bis du ihn persönlich sprechen kannst, dann wird die Sache wieder aufgeschoben – und nachher fehlt dir der Mut, es ihm mündlich zu sagen. Lieber schreibst du es ihm, damit die Sache endlich geordnet wird!

Ich schrieb ihm: »Sie werden sich gewiß nicht mehr erinnern, so und so war die Sache: ich kam aus dem Krankenhaus und traf unerwartet mit Ihnen zusammen – da habe ich Sie belogen. Bitte, vergeben Sie mir!«

Die Stunde vergesse ich nie, als ich den Brief in den Briefkasten an Jakob Schmidts Ecke steckte. Als ich ihn im Innern herunterfallen hörte, da fiel auch eine Last von meinem Herzen, die so lange darauf gelegen hatte. Und im selben Augenblick erfuhr ich die Wahrheit des Wortes: »Ach, daß du auf meine Gebote merktest, so würde dein Friede sein wie ein Wasserstrom.«

Am Nachmittag fuhr ich wieder nach Siegen zur Allianzversammlung und wurde tief gesegnet. Der Druck war weg. Ich war so frei und so froh, daß ich es gar nicht beschreiben kann.

Nach einigen Tagen bekam ich eine Antwort auf meinen Brief. Darin hieß es: »Das habe ich lange gewußt, daß Sie ein Lügner sind.«

So schmerzlich mir diese Geschichte war, ich habe viel daraus gelernt. Zuerst: langsamer und vorsichtiger zu sein beim Sprechen. Beim langsamen Sprechen kann man in betender Verbindung mit Gott bleiben, beim schnellen Sprechen nicht. Es ist ja so wahr, was die Schrift sagt: Wo viele Worte sind, da geht es ohne Sünde nicht ab.

Und dann habe ich gelernt: Wenn der Heilige Geist auf so eine alte Geschichte aus der Vergangenheit den Finger legt, dann gibt er nicht eher nach, als bis die Schuld göttlich geordnet ist. Da hilft alles Flehen und Feilschen, alles Bitten und Betteln nichts, der Heilige Geist verlangt Gehorsam.

Und – wenn er etwas verlangt, dann gibt er auch die Kraft dazu. Wenn es uns noch so schwer erscheint, er gibt uns die Kraft, seinen Willen zu tun und ihm gehorsam zu sein.

Wie oft habe ich später in der Seelsorge mit Leuten zu tun gehabt, die eine ungeordnete Vergangenheit hatten und die dadurch einen Bann auf ihr Leben und auch auf die ganze Gemeinde oder Gemeinschaft brachten, zu der sie gehörten! Da konnte ich es ihnen aus eigner Erfahrung heraus bezeugen: Der Bann muß weg! Solange die Schuld nicht geordnet wird, ist der Friede gestört und ein Wachsen in der Gnade und in der Heiligung unmöglich! Ich konnte es ihnen aber auch aus eigner Erfahrung bezeugen, daß es wahr ist, was Tersteegen gesagt hat: »Wenn mir's gleich noch so schmerzlich wäre – die Wonne folget nach der Pein.«

Meine Hochschule Mülheim

Seit meinen jungen Jahren schon habe ich geschriftstellert. Ich habe Märchen, Erzählungen und Gedichte gemacht. Alles, was ich sah und erlebte, suchte schriftlichen Ausdruck. Manches wurde auch in Zeitungen und Zeitschriften abgedruckt.

Dann kam die große Wende in meinem Leben, als Jesus Christus mich fand und ich mich ihm anvertraute.

Nun wußte ich nicht, was ich mit dieser Gabe machen sollte. Jahre hindurch lag sie ganz brach. Aber Gott hatte mir diese Gabe doch nicht umsonst gegeben, sondern dazu, daß ich sie auch gebrauchte – aber wie sollte das geschehen? Ich wußte es nicht. Aber Gott wußte es. Er wollte diese Gabe in seinen Dienst stellen und sie für sich gebrauchen. Es ging wieder ganz einfach dabei zu und war mir doch wie ein Wunder.

In dieser Zeit wurde die Zeitung »Das Volk«, die Adolf Stoecker gegründet hatte, von Berlin nach Siegen verlegt, weil Siegen der Wahlkreis Stoeckers war. Der damalige Redakteur, Herr von Oertzen, kam zu mir und fragte mich, ob ich nicht bereit sei, die kurzen Zeitungspredigten zu schreiben. Jeden Sonntag erschien am Kopf der Beilage eine kurze religiöse Betrachtung. Nach kurzem Überlegen sagte ich zu.

Das war der Anfang meiner christlichen Schriftstellerei.

Ich studierte die erbaulichen Artikel in den Sonntagsblättern. Die hatten Überschriften wie: »Zum 12. Sonntag nach Trinitatis«, »Zum 2. Sonntag nach Epiphanias«. Ich dachte mir: Wer liest denn das? Noch dazu, wenn es so lange, schwerfällige Sätze sind und gar keine Abschnitte gemacht werden. Wenn ich solche Zeitungspredigten schrieb, dann wollte ich auch, daß sie gelesen würden. Ich sah mir den Lehrtext im Losungsbüchlein der Brüdergemeine darauf an, was für eine Wahrheit er wohl enthalte, und dann schrieb ich eine Überschrift über die Predigt wie zum Beispiel: »Sträfliche Gedankenlosigkeit«, »Törichte Menschen«, »Der rechte Grund« usw. Und dann schrieb ich den Artikel selbst in kurzen Sätzen und mit kurzen Abschnitten, daß das Auge nicht von vornherein ablehnend reagierte.

So habe ich es denn auch durch Gottes Gnade erreicht, daß die kurzen Predigten wirklich gelesen wurden, wie mir das Echo bewies, das auf diese Artikel kam. Immer wieder schickte mir die Redaktion solche Briefe zu, in denen die Leser sich über die Zeitungspredigten aussprachen.

Jahrelang habe ich diese Zeitungspredigten geschrieben, bis mir in Mülheim die Redaktion des alten Blattes »Sabbatklänge« übertragen wurde. Da sah ich mich genötigt, die Mitarbeit am »Volk« aufzugeben. Aber nun hatte Gott mich vollends auf das Geleise gebracht, auf dem er mich haben wollte.

Freilich gehörte dazu, daß er mich auch von Weidenau wegführte; denn hier würde ich wohl kaum in die eigentliche Schriftstellerei als Haupt- und Lebensberuf hineingekommen sein. Diese Aufgabe wartete in Mülheim an der Ruhr auf mich.

Verschiedene Male wurde ich zu Gastpredigten in andere Gemeinden eingeladen. Am meisten Mühe gab sich wohl die Gemeinde Holpe, die dadurch bekanntgeworden ist, daß der als Schriftsteller bekannte Pastor Otto Funcke hier einst gewirkt hat. Ich hatte einmal eine Festpredigt in Holpe gehalten, von daher kannte man mich.

Aber so dringend man mich nach Holpe einlud und so verlockend man mir die Reize der Einsamkeit dort und des Alleinseins schilderte, ich konnte diesem Ruf nicht folgen. Ich war ja gerade dadurch gesegnet worden, daß ich in Weidenau in einer Gemeinde mit regem geistlichem Leben dienen durfte, wo ich so viele treue Zeugen hören und von ihnen lernen durfte. In meinen jungen Jahren auf diese Anregungen verzichten und immer nur mich selber predigen hören, das erschien mir als eine Gefahr für mein inneres Leben und für meinen Dienst. Ebenso zerschlug sich eine Wahl in Bremen, wohin der alte Pastor Tiesmeyer mich gern gehabt hätte. Auch nach Elberfeld und Düsseldorf ging der Weg Gottes nicht, wo mich gute Freunde bei Pfarrwahlen in Vorschlag gebracht hatten.

Mein Weg führte nach Mülheim an der Ruhr. Das war

für mich die rechte Straße. Im Siegerland hatte ich eines gelernt, das Hauptstück von der Rechtfertigung durch den Glauben. Von nichts anderem war die Rede in den Versammlungen, als von der Bekehrung. »Bist du bekehrt?« Dieser Frage konnte niemand entgehen, der ins Siegerland kam. So predigte ich auch Bekehrung und immer nur Bekehrung. Mehr wußte ich nicht. Wenn ich von der Heiligung sprach, dann predigte ich Gesetz.

Darum führte mich Gott nach Mülheim, weil er mich dort mit Pastor Girkon zusammenbringen wollte, der in dem Ruf stand, »Heiligungsapostel« zu sein. Hatte ich in Weidenau Elementar- und Grundschulunterricht genossen, so wollte mich Gott jetzt auf eine höhere Schule schikken, um mich vorzubereiten für die Lebensaufgabe, die er mir zugedacht hatte.

Aber wie Gott mich nach Mülheim brachte, das ist wieder eine merkwürdige Geschichte. Das Presbyterium von Mülheim beschloß, mich nicht zu einer Gastpredigt einzuladen, sondern mich in meiner eigenen Gemeinde zu hören und sich in meiner Gemeinde umzuhören. So wurden vier Herren vom Presbyterium nach Weidenau geschickt. Schon zeitig am Sonntagmorgen machte sich die Deputation auf den Weg, um mit Kirchgängern Gespräche anzuknüpfen und die Stimmung der Leute kennenzulernen.

Da kam ein älteres Weiblein daher mit ganz verstaubten Schuhen. Einer der Herren sprach die Frau an: »Na, Mütterchen, wo wollen Sie denn hin?« »Ich? In die Kirche!« »Es ist aber noch so früh!« »Ja, wenn man nicht früh genug kommt, kriegt man keinen Platz mehr!« »Sie haben ja so staubige Schuhe!« »Ja, ich komme weither.« Dabei nannte sie den Namen ihres Dorfes, das ungefähr zwei Stunden von Weidenau entfernt liegt. »Haben Sie denn dort keinen Pfarrer?« »Oh, wir haben ihrer zwei, aber –« und damit ergriff sie den Herrn am Ärmel seines Rockes, »gehen Sie mal mit in die Kirche, da bekommen Sie etwas Rechtes zu hören.«

Und die Herren gingen mit. Ich predigte damals fortlaufend über den Propheten Elisa. Wenn man so fortlaufend predigt, dann kommt man auch an Abschnitte, die nicht leicht auszulegen sind, sogenannte »spröde« Texte. So einen spröden Text hatte ich an jenem Sonntag gerade zu behandeln. Ich hatte viel Gebet und viel Mühe darauf verwendet, bis ich endlich eine Tür zu dem Text gefunden hatte. Ich glaube nicht, daß die Predigt der Deputation einen solchen Eindruck gemacht hat, daß sie mich darauf gewählt hätten; aber – das Bauernweiblein mit seiner treuherzigen Einladung hatte es ihnen angetan.

Sie erstatteten Bericht in Mülheim. Ich wurde gebeten, auf einem Fest des Vereinshauses zu sprechen, und dann wurde ich gewählt.

Als ich den Ruf erhielt, erbat ich mir Bedenkzeit. Ich hatte gehört, daß Pfarrer Girkon aus Ostpreußen, der gleichzeitig mit mir gewählt war, auf der Festwoche in Wuppertal predigen würde. Den wollte ich erst kennenlernen. Ich lernte ihn kennen – und sofort war mir klar: Das ist Gottes Weg für mich, daß ich mit diesem Mann in Arbeits- und Lebensgemeinschaft komme. Und so war es auch. Mülheim wurde meine Hochschule und Girkon mein Hochschullehrer.

Der Abschied von Weidenau war nicht leicht. Aber es war mir völlig gewiß bei diesem schmerzlichen Losreißen: Er führet mich – und: Es ist die rechte Straße!

Am Reformationsfest des Jahres 1899 wurde ich mit Pastor Girkon zusammen in Mülheim eingeführt. Er übernahm den fünften Pfarrbezirk, ich den neugebildeten sechsten.

Mülheim an der Ruhr war eine merkwürdige Stadt, man kann wohl sagen: eine Stadt der Gegensätze. Es war auf der einen Seite eine Stadt reichen geistlichen Lebens von alters her. In Mülheim hat Gerhard Tersteegen gelebt und gewirkt. Durch ihn bekam die Stadt eine Anziehungskraft für weite Kreise. Die Erbauungsstunden in Mülheim gingen zurück auf jene Zeit vor der Reformation, als »die Brüder vom gemeinsamen Leben« von Holland her ihre klosterähnlichen Gemeinschaften gründeten und Erbauungsstunden einrichteten. Von dieser Zeit an hat es durch die Jahrhunderte hindurch immer private Erbauungsstunden in Mülheim gegeben. Nur zu Tersteegens Zeiten wurden zehn Jahre lang diese Stunden verboten, und zwar auf Veranlassung eines Pfarrers, der dem »Sektierer« das Handwerk legen wollte! Von diesem Pfarrer weiß heute kein Mensch mehr etwas; aber die Lieder Tersteegens haben längst schon ihren Weg in die Gesangbücher der Kirche gefunden. So lag auf der Stadt von alten Zeiten her ein reicher Gebetssegen. Wie oft in den Jahrhunderten wird Gott von den Frommen gebeten worden sein, die Stadt und ihre Einwohner zu segnen!

Von Anfang an spürte ich diesen Segen. Der Kirchenbesuch war außerordentlich. In der kleinen Paulikirche war es oft nicht möglich, nach dem Ende der Eingangsliturgie in die Sakristei zu gelangen, weil alles voll Menschen stand. Da mußte ich jemand in der Nähe des Altars bitten, mir während des Predigtliedes seinen Platz einzuräumen, von dem aus ich mir dann wieder den Weg zur Kanzel bahnte. Und in der großen Petrikirche sammelten sich immer über dreitausend Menschen unter unserer Kanzel. Während wir vor der Predigt in der Sakristei mit etlichen Betern und Beterinnen Gemeinschaft hielten, mußte der Küster alle verfügbaren Stühle in die Kirche tragen, um den Leuten Platz zu schaffen. Da war es eine Lust und Freude, das Netz des Evangeliums auszuwerfen. Und der Herr beglaubigte das Wort und führte Menschen zum Glauben in großer Zahl.

Das ist die eine Seite von Mülheim, dieser Stadt regen geistlichen Lebens. Und die andere Seite? Es gibt eine Redensart, die lautet: »Alles, wat van Müllem kümp, dat süp, dat süp, dat süp!« Das heißt: »Alles, was von Mülheim kommt, das säuft, das säuft, das säuft!«

Pastor Girkon und ich, wir waren beide Blaukreuzler. Das gab große Erregung. »Jetzt wird wohl kein Mensch mehr in Mülheim ein Glas Bier trinken dürfen!« sorgten die Freunde des Rauschtranks. So entstand von vornherein eine Spannung zwischen den beiden »blauen« Pastoren und einem großen Teil der trinkfrohen Einwohnerschaft. Es dauerte nicht lange, da waren wir berühmte Leute geworden, die buchstäblich »in aller Munde« waren. Denn man hatte einen Schnaps nach dem Namen von Pastor

Girkon genannt, einen andern – ich denke: einen Münsterländer Kornbranntwein – nach meinem Namen. Wenn ich an einem Neubau vorbei kam und die Maurer erkannten mich, dann konnte ich es wohl hören, daß einer dem andern recht laut zurief: »Komm, wir wollen mal einen kleinen Modersohn trinken!« So wurde in den Wirtschaften »ein Girkon« gefordert oder »ein Modersohn«.

Bald kam die erste Beschwerde aus diesen Kreisen. Bei einer Beerdigung hatte ich gesagt, das Seligwerden sei nicht eine so selbstverständliche Sache, wie etwa der Morgen der Nacht folge oder der Frühling auf den Winter. Da müßten Bedingungen erfüllt werden, wenn man selig werden wolle. Da ging eine Beschwerde ans Konsistorium, daß ich meinen Geifer auf die Gräber der teuren Toten gespritzt hätte, die doch von meinen Amtsbrüdern feierlich geweiht worden seien. Ich bekam denn auch vom Konsistorium eine Verfügung, an den Gräbern jene alles hoffende Liebe walten zu lassen, die einem Prediger des Evangeliums, zumal an einem offenen Grabe, so wohl anstehe.

Das Presbyterium aber, das damals eine glaubenstreue Majorität hatte, schickte eine Abordnung nach Koblenz und verlangte Zurücknahme der Verfügung. Man wünschte, daß die Pfarrer der Gemeinde die Wahrheit sagten, auch wenn sie an Gräbern sprächen.

Aber wenn die Zahl der »Feinen« groß war, dann war die Zahl der »Groben« doch noch größer. Das zeigte sich bei den Wahlen zu den kirchlichen Körperschaften. Da kamen Leute zur Kirche, die man sonst nie zu sehen bekam. Leute, die ihre Pastoren nicht einmal von Angesicht kannten, so daß sie in der Kirche laut fragten: »Wo ist denn der Girkon? Und der Modersohn? Wie sieht der Käl denn ut?«

Ein neuer Anfang

In Mülheim bestand seit Jahrzehnten ein Wochenblatt, das Pastor Stursberg gegründet hatte, dessen Spuren ich immer wieder in der Gemeinde begegnete. Dieses Blatt, das den Namen »Sabbatklänge« führte, um anzudeuten, daß es vom Frieden mit Gott reden und zum Frieden mit Gott führen wollte, war lange Jahre hindurch das Panier, um das sich die Gläubigen an der Ruhr und am Niederrhein scharten. Es stand auf dem Boden entschiedenen Christentums.

Aber nach Sturbergs Tod war es von seinen Nachfolgern im Amt fortgeführt worden, die nicht dieselbe originelle Art hatten, wie sie Stursberg eigen war. Als ich nach Mülheim kam, wurde das Blatt von dem Amtsbruder Hannesen geschrieben, der als Superintendent einer sehr großen Synode aber nicht die Zeit fand, es zu füllen. Er beschränkte sich darauf, allerlei Berichte zu bringen über Anstalten des Reiches Gottes. So war es dahin gekommen, daß das Blatt nur noch zweihundert zahlende Abonnenten hatte.

Es war wohl schon bei meinem Antrittsbesuch beim Superintendenten, daß er zu mir sagte: »Herr Bruder, Sie sollten die Redaktion der ›Sabbatklänge‹ übernehmen. Sie sind eine frische, junge Kraft. Sie haben dazu eher Zeit als ich, der ich sonst so belastet bin.«

Ich wehrte mich einige Zeit, aber im März 1900 erschien dann die erste Nummer des von mir geschriebenen Blattes.

Bis zum Jahre 1910 hatte das Blatt den Titel »Sabbatklänge« getragen. Dann wollte ich es in einen anderen Verlag geben. Da erklärten aber die Brüder des Vereinshauses, der Titel »Sabbatklänge« sei ein alter Mülheimer Titel. Wenn ich den Verlag von Mülheim wegverlegte, dann müßte der Titel in Mülheim verbleiben.

Wenn ich die Berechtigung dieser Begründung auch nicht einsehen konnte – ich hatte das Blatt mit zweihundert Abonnenten übernommen, und nun waren fünftausend daraus geworden, was nicht nur Arbeit, sondern auch viel Geld gekostet hatte –, so wollte ich doch keinen Streit mit den Brüdern haben. Ich setzte dann das Blatt unter dem von Gott erbetenen Titel »Heilig dem Herrn« fort, den es bis heute behalten hat. Es war dem Herrn geweiht und sollte den Namen des Herrn verherrlichen.

Das Vereinshaus in Mülheim gab dann seinerseits unter dem alten Titel »Sabbatklänge« ein Blatt heraus, das aber nicht lange bestand.

Ganz wunderbar hat sich der Herr, das darf ich mit Loben und Danken bezeugen, zu dem Dienst der Zeitschrift bekannt. Schon rein äußerlich. Durch wieviel Nöte ging das Blatt während des Krieges und der Inflation hindurch! Ich war während des Krieges eingezogen. Aber wenn in meinem Lazarett die Kameraden versorgt waren, dann setzte ich mich in stiller Nachtstunde hin und schrieb die Artikel für mein Blatt. Und wenn das Papier knapper zugeteilt wurde und wenn in der Inflationszeit das Abonnementsgeld immer entwertet war, so daß der Betrieb schwer aufrecht zu erhalten war, – »Heilig dem Herrn« konnte doch immer erscheinen.

Nur ein einziges Mal fiel eine Nummer aus: als wir die Druckerei »Harfe« in Blankenburg gründeten. Da verhinderte ein Eisenbahnstreik das rechtzeitige Eintreffen der Maschinen oder das Kommen des Monteurs – da mußte einmal ein Heft als Doppelnummer herausgegeben werden. Aber sonst sind immer alle Ausgaben richtig herausgekommen.

Und wie der Herr im Äußeren half, so segnete er auch den Inhalt. Wie viele Zeugnisse habe ich von solchen erhalten, die mir schrieben, daß sie durch das Lesen zum Glauben an Christus gekommen seien, daß sie im inneren Leben gefördert worden seien. Und auch darin hat Gott es wunderbar geführt, daß er dem Blatt den Weg ins Ausland bahnte. In allen fünf Erdteilen wird »Heilig dem Herrn« gelesen. In achtundvierzig Ländern. Das ist vom Herrn geschehen und ein Wunder vor meinen Augen.

Allein!

Allein! Dieses Wort habe ich in seiner schmerzlichen Bedeutung in Mülheim kennengelernt.

Es war gerade ein Jahr seit meiner Einführung in das Mülheimer Amt vergangen. Was hatten wir in diesem Jahr erlebt! Wie fröhlich und hoffnungsvoll waren meine Frau und ich nach Mülheim gezogen! Nun war der Mund stumm geworden, der so oft und so liebevoll mit mir geredet hatte. Das wurde mir am Tag nach ihrem Heimgang mit schneidendem Weh klar. Ich saß und stellte die Liste derer zusammen, an welche ich die Trauernachricht schikken wollte. Da wußte ich eine Adresse nicht. Ich stand auf und ging ins Schlafzimmer, um nach alter Gewohnheit – meine Frau zu fragen. Da lag sie – und schwieg. Da fiel es mir mit ganzer Schwere aufs Herz: Nun hat alles Gemeinsame mit ihr ein Ende! Nun gibt es keine Gemeinschaft des Glaubens und des Lebens mehr! Das ist nun vorbei. Ich bin allein! Allein! – –

Aber auch durch dieses Leid segnete Gott. Ein ganz neues Vertrauen erwachte in der Gemeinde. Wenn Leute in Leid und Trübsal gerieten, dann kamen sie zu mir oder sie baten mich um meinen Besuch. Sie sagten es sich – und manche sagten es mir auch selber: »Sie wissen, wie weh es tut! Sie haben es selbst durchgemacht. Sie können uns am besten verstehen.«

So wurde ich in jener Zeit der Vertraute und Seelsorger mancher einsamen und bekümmerten Seele. Ich war nicht mehr der junge Mann, der ich den Jahren nach eigentlich war. Das Leid hatte mich älter und reifer gemacht. Ich konnte in der Predigt wie in der Seelsorge Töne anschlagen, die mir früher fremd und unbekannt gewesen waren.

So wurde das Alleinsein von Gott gesegnet.

Eine im Himmel geschlossene Ehe

Jedoch, je mehr die Arbeit in der Gemeinde und an der Zeitschrift meine Zeit und Kraft in Anspruch nahmen, um so mehr sehnte ich mich nach einer verständnisvollen Gefährtin, wie ich sie gehabt hatte, deren Verlust mir immer schmerzlicher zum Bewußtsein kam. Ich brauchte ein Herz, mit dem ich Freud und Leid in der Arbeit teilen konnte. Ich brauchte Gebetsgemeinschaft, wie ich sie einst gehabt hatte. Und auch die Kinder brauchten eine mütterliche Hand und Leitung.

Einmal klagte ich Gott im Gebet meine Not. Ich fragte ihn, ob er mir nicht wieder eine Gehilfin und Gefährtin geben wolle. Da war es mir, als ob eine Stimme laut zu mir die Worte spräche: »Fräulein von Werthern.« Was bedeutete das? Ich kannte kein »Fräulein von Werthern«. Ich wußte nur von meinem Freund und Amtsbruder Girkon, daß es in Wesel einen General von Werthern gäbe, der christliche Versammlungen besuche und der ein paar Töchter habe. Das war alles.

Im Sommer kam ein Sohn des Generalleutnants von Viebahn und machte Besuch im Hause Werthern. Er war auf der Konferenz in Keswick in England gewesen und war von dem, was er dort gehört hatte, noch stark beeindruckt. Als das Buch mit den Konferenzreden erschien, machte er es den Töchtern des Hauses zum Geschenk. Und zugleich schenkte er ihnen die von den Rednern erbetene Erlaubnis, ihre Ansprachen ins Deutsche zu übersetzen.

Von dieser Erlaubnis machte nun Gertrud, die Ältere, Gebrauch. Aber wohin mit den Übersetzungen? Sie schrieb an Pastor Girkon, ob die »Sabbatklänge« vielleicht Platz für solche Übersetzungen hätten. Sie wolle den Segen, den sie selbst durch das Lesen dieser Ansprachen empfangen habe, gern einem größeren Kreis zugänglich machen. So knüpfte Gott den Faden an.

Ich schrieb an die Dame, sie möchte einen Artikel zur Probe schicken, damit ich sehen könne, ob er sich für mein Blatt eigne. Mein Herz aber horchte auf Gott, was er tun werde.

Nach einiger Zeit kam ein Artikel, und ich bat um mehr Beiträge dieser Art.

So folgte dann ein Artikel dem andern. Bald hier, bald da schien mir eine kleine Änderung wünschenswert, damit die Wiedergabe recht deutsch aussähe, und so mußte ich zuweilen an die Übersetzerin schreiben. Ich berichtete ihr auch, daß ich persönlich durch die Übersetzungen gesegnet worden sei, namentlich habe der Artikel »Völlige Freude« zu mir geredet. Dabei ließ ich sie einen Blick in meine innere Einsamkeit tun nach dem Tode meiner Frau. Denn wenn Gott sie mir zur Frau geben wollte, mußte sie doch wissen, mit wem sie es zu tun hatte. Sie antwortete in wohltuender Teilnahme.

So gingen Briefe hin und her, die alle die Übersetzungen zum Anlaß hatten. Da schrieb sie eines Tages, ihr Vater habe seinen Abschied genommen und sie würden demnächst Wesel verlassen. Nun hätte sie eine Bitte. Sie hätte mit ihrer Schwester zusammen allerlei Arbeiten angefangen: eine Sonntagsschule, eine Arbeitsstunde für Mädchen, einen Missions-Nähverein für Damen usw. Nun möchte ich doch einen Artikel in den Sabbatklängen schreiben etwa des Inhalts: Eingeladen seid ihr nun, das Wort Gottes habt ihr gehört, nun kommt es darauf an, daß ihr euch für ihn entscheidet! Diesen Artikel wolle sie dann in den Abschiedsversammlungen vorlesen, um zu einer Entscheidung aufzufordern. Nach langem Zwiegespräch mit meinem himmlischen Vater schrieb ich ihr, ich hätte einen andern Vorschlag zu machen. Sie möge doch all die Teilnehmerinnen ihrer Vereine zu einem Abschiedsfest einladen und dann Girkon und mich als Festredner kommen lassen. Dann würden wir »die Bäume schütteln«. Denn das gesprochene Wort wirke doch ganz anders als das vorgelesene.

Sie besprach die Sache mit ihren Eltern, und das Fest wurde beschlossen. So reisten denn Pastor Girkon und ich nach Wesel, ich mit dem inneren Bewußtsein: Heute sehe ich meine künftige Frau, die Gott mir zugedacht hat. Daß ich bei diesem ersten Sehen sehr befangen war, ist wohl verständlich. Wenn sie nicht auch schon die innere Gewißheit gehabt hätte, wie sie mir später erzählte, daß ich der ihr von Gott bestimmte Gatte sei, ich glaube, diese erste Begegnung wäre auch die letzte gewesen. Aber nun wußten wir beide: Gott will es. Und als ich sie dann später auf der Tersteegensruh-Konferenz fragte, ob ich hoffen dürfe, daß sie einmal meine Frau werde, da antwortete sie schlicht, das sei ja der Wille Gottes.

Was gibt das für einen Felsenboden unter die Füße, wenn man weiß: Gott hat uns zusammengeführt, Gott hat diese Ehe beschlossen. Wie oft hat meine Frau, wie sie mir später sagte, gebetet: Herr, ich habe ihn nicht gewollt, du hast ihn mir gegeben. Nun hast du auch die Verantwortung dafür, daß die Ehe glücklich wird.

Und das ist sie geworden, das kann ich nun beim Rückblick auf die gemeinsam durchlebten Jahre sagen. Eine Ehe kann ein Stück Himmel auf Erden sein, sie kann aber auch ein Stück Hölle werden. Unsre Ehe ist ein Stück Himmel auf Erden geworden. Gott hat uns vor dem ersten bösen Streit bewahrt, so daß wir in tiefem Frieden haben miteinander leben dürfen die ganzen langen Jahre. Wir haben an Gräbern und Särgen zusammen gestanden und wir haben des Lebens Glück und Freude miteinander gekostet und es ging dabei nach dem Worte: je länger, je lieber.

Stiefmutter sein ist keine leichte Aufgabe. Wie gern mischen sich die guten Freunde und Verwandten ein und bedauern die Kinder, daß sie eine Stiefmutter bekommen! Sie wußte, daß die Aufgabe schwer war, sehr schwer. Aber sie brachte eine kostbare Mitgift in die Ehe: ein tiefes Überzeugtsein von ihrer Unfähigkeit dieser Aufgabe gegenüber. Darum hat sie ihre Kinder mit vielen Gebeten erzogen und nach dem Rat des Jakobus immer wieder um Weisheit gebeten. Und Gott hat sie ihr gegeben. So sind nicht nur die drei Kinder meiner ersten Ehe, sondern auch die drei Kinder, die Gott uns noch schenkte, ein Eigentum des Herrn geworden, und ich kann mit dem Apostel Johannes sagen: Ich habe keine größere Freude, denn daß ich sehe meine Kinder in der Wahrheit wandeln.

Wie die Erweckung entstand

Am Anfang des Jahres 1905 gingen wunderbare Nachrichten durch die Lande: daß im Süden Englands, in Wales, eine große Erweckung ausgebrochen sei, daß Tausende sich zum Herrn bekehrt hätten. Diese Nachrichten erweckten und steigerten das Verlangen in manchem Herzen, daß Gott auch uns in Deutschland eine Erweckung schenken möchte. Hier und dort wurde gebetet: »Herr, gib uns eine Erweckung und fange bei mir an!«

Im Lehrsaal von Pastor Girkon kam man zu Gebetsversammlungen zusammen, um für eine Erweckung zu beten, ebenso auch im Gemeindesaal in der Aktienstraße.

Wir beschlossen, von Himmelfahrt bis Pfingsten wollten wir in unserem Saal an der Aktienstraße jeden Abend zusammenkommen wie einst die Jünger in Jerusalem und um eine neue Ausgießung seines Geistes bitten.

Da bekam ich eines Tages – kurz vor Himmelfahrt – einen Brief von einem Mitglied der Evangelischen Gemeinschaft. Darin hieß es: »Wir beten in den verschiedenen Kirchen und Sälen um eine Erweckung; aber wir werden keine Erweckung bekommen, denn es fehlt an der Einmütigkeit der Kinder Gottes. Unsere Leute kommen aus der Zionskirche, Ihre Leute aus der Petrikirche – wir gehen kalt und fremd aneinander vorbei. Wie wäre es, wenn alle Kinder Gottes in Mülheim zusammenkämen zu gemeinsamem Gebet? Nehmen Sie doch einmal die Sache in die Hand und laden Sie die Leiter der verschiedenen Gemeinden und Gemeinschaften zu einer Besprechung ein, ob es nicht möglich ist, daß wir zu gemeinsamem Gebet um eine Erweckung zusammenkommen.«

Dieser Brief schien mir ein Auftrag vom Herrn. Ich lud die Leiter in mein Pfarrhaus ein. Einige lehnten ab, andere kamen. Bei dieser Besprechung herrschte eine Brüderlichkeit und Eintracht, daß wir alle den deutlichen Eindruck hatten, daß die Stunde Gottes zum Handeln gekommen war. Der Heilsarmeekapitän verließ sofort die Sitzung, um festzustellen, ob ein neutraler Saal zu mieten sei. Nach kurzer Zeit kam er wieder und teilte uns mit, daß wir den großen Saal im Restaurant »Unser Fritz« von Himmelfahrt bis Pfingsten jeden Abend haben könnten. Es wurde beschlossen, daß jeden Abend einer von uns die Leitung haben sollte, und dann wollten wir mit unsern Gemeinden und Gemeinschaften zusammenkommen und von Gott eine Erweckung erbitten.

Am Abend des Himmelfahrtstages war die erste Versammlung. Hatten wir vorher die Zahl der Teilnehmer auf etwa fünfhundert berechnet, so waren wir freudig überrascht, daß an die tausend Menschen gekommen waren. Hunderte mußten wieder umkehren, weil sie keinen Platz mehr fanden. Und das herrlichste war: man spürte es wirklich: Gott ist gegenwärtig.

Am Schluß blieben etwa zwanzig Menschen zurück. Als man sie fragte, was sie noch wünschten, erklärten sie, sie hätten noch keinen Frieden mit Gott. Da wurde dann mit ihnen gesprochen und gebetet, daß sie die Gewißheit ihrer Annahme erlangten.

Wie am ersten Abend, so war es jeden Abend, auch an den Wochentagen. Jedesmal war der Saal ganz gefüllt. Und jedesmal war die Gegenwart Gottes zu spüren, einerlei, wer die Leitung des Abends hatte. Die Ansprachen zu Beginn waren immer nur ganz kurz, dann wurde Raum gegeben für das Gebet. Und jeden Abend kamen viele zum Glauben.

Und noch immer beteten wir um eine Erweckung. Da trat eines Abends Pastor Girkon auf und betete: »Herr, wir danken dir, daß du unser Gebet erhört und uns eine Erwekkung geschenkt hast!« Da wurde es uns klar, daß wir wirklich eine Erweckung hatten.

Bis zum Pfingstsonntag war der Saal gemietet. Aber nun waren aus den Gebetsstunden Erweckungsstunden geworden. Nun konnte man doch nicht abbrechen! Den Saal weiter mieten? Der reichte nicht aus. Da half Gott wieder in wunderbarer Weise. In Lüdenscheid arbeitete die Deutsche Zeltmission mit ihrem großen Zelt, in dem dreitausend Menschen Platz hatten. Der Vertrag mit dem Besitzer des Platzes, auf dem das Zelt stand, lief ab und die Bemühungen, ihn über Pfingsten zu verlängern, waren umsonst.

So wurde dann das große schöne Zelt in Mülheim errichtet.

Und so kam ein Pfingstfest, von dem viele bekannten, daß sie in ihrem ganzen Leben noch kein solches gefeiert hätten. Es war überwältigend, wie sich die Macht und Liebe Gottes offenbarte. Die Versammlungen wurden in der Pfingstwoche noch stärker besucht, so daß man Stühle und Bänke zusammenholen mußte, um für alle Besucher Platz zu schaffen.

So Großes wir auch schon geschaut hatten, wir standen unter dem Eindruck, daß wir uns erst am Anfang befanden. Wir flehten, daß der Herr auch Starke zum Raube haben möchte, daß er auch Feinde Gottes und des Kreuzes Christi umwandeln möchte. Und der Herr hörte unser Flehen.

Nachdem die Versammlungen wochenlang im Zelt der Deutschen Zeltmission gehalten worden waren, fingen die Zeltbrüder an, vom Abschlagen des Zeltes zu sprechen. Sie wurden in Ruhrort erwartet, wohin sie schon längst hatten kommen sollen und wollen. Nun wollten sie ihr Versprechen einlösen. Es war ein schmerzlicher Gedanke, daß wir vom Zelt Abschied nehmen sollten, in dem wir solche Segensstunden erlebt hatten. Wir fürchteten, daß damit auch der Strom der Erweckung aufhören würde.

Es wurde bestimmt, wenn nicht eine besondere Welle göttlicher Kraft deutlich würde, solle das Zelt abgebrochen werden. Die Kinder Gottes flehten dringend um diese Kraftquelle. Und sie kam. An einem Sonntagabend offenbarte sie eine Geistesmacht wie nie zuvor. So viele kamen noch nie, um das Heil zu suchen. Aber – es waren meistens Leute von außerhalb, die nach Frieden mit Gott verlangten. Es war eben in der Gegend ringsherum bekanntgeworden, daß in Mülheim ein Feuer des Geistes brenne. Darum sagten die Brüder von der Zeltmission nicht mit Unrecht: Die Erweckung hat aufgehört, eine Mülheimer Erweckung zu sein, sie ist eine rheinisch-westfälische Bewegung geworden. Die suchenden Menschen von auswärts werden aber geradesogut nach Ruhrort wie nach Mülheim kommen. Dagegen war nicht viel zu sagen.

So haben wir denn das Zelt ziehen lassen müssen. Aber es geschah, wie wir vorher gefürchtet hatten: Die Erweckung fand damit ein Ende. Wohl wurden noch etliche Versammlungen in einem gemieteten Saal gehalten; aber damit hörte man auch bald auf.

Meine Mutter stirbt

Seit dem siebzigsten Geburtstag meines Vaters war es eine stillschweigende Abmachung unter uns Geschwistern, uns an den Geburtstagen der Eltern in Münster zu versammeln. Aber von einem Besuch zum andern merkte ich, wie die Kräfte meiner Mutter langsam, aber spürbar abnahmen. Ihr Gedächtnis schwand mehr und mehr. Die Prothese machte ihr zu schaffen. In ihrer Unbeholfenheit war sie einmal gefallen, und nun stellten sich zuweilen krampfartige Zustände ein. Um diesen Anfällen abzuhelfen, griffen die Ärzte zu scharfen Mitteln, die aber ihr Gedächtnis schädigten und zerstörten.

So kam der siebzigste Geburtstag heran, der ein besonderer Festtag für die ganze Familie war. Alle ihre Lieben waren von nah und fern gekommen, um mit ihr zu feiern und Gott zu danken für diese »Mutter von Gottes Gnaden«.

Unvergeßlich ist mir der Abend des letzten Geburtstages. Da bat sie mich, aus der Arbeit in Mülheim zu erzählen, und ihr gingen die Augen über vor Freude.

»Das war schön«, sagte sie und gab mir die Hand zur Gutenacht . . .

Als ich nach vier Tagen an ihr Krankenbett trat, aus dem bald ihr Sterbebett werden sollte, da zog sie mich zu sich nieder und sagte: »Ich habe immer an das denken müssen, was du mir am Geburtstagsabend gesagt hast.«

Es waren gerade die Fastnachtstage, als es mit ihr dem Ende zuging. Die Söhne kamen herbeigeeilt, um einmal noch die Hand der Mutter zu drücken. Das war ihre letzte Freude.

Am Abend des Fastnachtsdienstags sah man, daß der Heimgang begann. Draußen tönten von Zeit zu Zeit die gellenden Rufe der Fastnachtsnarren, und hier drinnen stand der Engel des Todes, um eine müde Pilgerin heimzubegleiten in die ewige Heimat. Welcher Gegensatz! Da draußen und hier drinnen!

Schwächer und langsamer wurde der Atem – und dann hörte er auf. Das Herz der Mutter stand still. Mit herzlichem Dank gegen Gott, der uns eine solche Mutter gegeben und so lange erhalten hatte, trennten wir uns von ihr.

Über dem Bett meiner Mutter hing Jahr für Jahr in Brandmalerei auf Holz der Spruch: »Ich weiß, daß mein Erlöser lebt.« Den liebte sie so besonders. Nun steht dieses Wort in Münster auf ihrem Grabstein.

Wie ich dazu kam, Bücher zu schreiben

An einem Sonntag hatte ich eine Predigt gehalten über 2. Petrus 3,9: »Der Herr verzieht nicht die Verheißung, wie es etliche für einen Verzug halten, sondern er hat Geduld mit uns und will nicht, daß jemand verloren werde, sondern daß sich jedermann zur Buße kehre.« Am Schluß der Predigt sagte ich, daß ich über acht Tage Fortsetzung machen werde.

Da nahm eine junge Dame Papier und Bleistift mit in die Kirche und stenografierte diese Predigt mit. Und dann schickte sie mir die Ausarbeitung zu und bat, sie drucken zu lassen. Sie bestellte sofort fünftausend Stück, um sie in der Gemeinde ihres Vaters, der Pfarrer sei, zu verbreiten.

Ich entsprach diesem Wunsch und ließ die Predigt drukken. Und ich erlebte, daß sie in rascher Folge auf eine Auflage von hunderttausend und mehr stieg. Da erkannte ich endlich, daß Gott hier für mich eine Aufgabe habe, daß er sich meiner Feder bedienen wolle, um Menschen dadurch zu erwecken.

Und nun habe ich nicht mehr gewartet, bis andere meine Schriften herausgaben, nun habe ich auch selbst angefangen, Bücher erscheinen zu lassen. Zumeist entsprangen sie einem Bedürfnis der Seelsorge. So erschien das Heft: »Zwanzig Gründe gegen die Bekehrung«, in der ich verschiedene Gründe besprach, die die Menschen vorbringen, um sich nur nicht bekehren zu müssen. So erschienen die beiden Bücher über die Frauen des Alten und des Neuen Testaments, sowie eine Schrift nach der andern. Ich darf mit tiefem Dank gegen den Herrn bekennen, daß er sich dazu in großer Gnade bekannte.

Aber zugleich wurde mir klar, daß ich mit der stetig wachsenden Schriftstellerei auf die Dauer die Aufgaben des Pfarramtes nicht vereinigen könne. Diese Doppelarbeit ging mir allmählich über die Kräfte. Als dann der Ruf an mich erging, den Dienst am Allianzhaus in Blankenburg anzunehmen, da wurde mir bald klar, daß das der Weg nach Gottes Willen sei, daß er mir die vielen kleinen

Pflichten des Amtes nehmen wolle, um mir Zeit zu geben für den Beruf, für den er mich zubereitet hatte: der volkstümlichen Verkündigung des Evangeliums in Wort und Schrift.

Blankenburg

Seit einigen Jahren war ich Mitglied des Blankenburger Allianzkomitees, in das ich als Nachfolger von Pastor Jellinghaus gerufen worden war, um in dem Komitee die Landeskirche zu vertreten. Nun wollte der Sekretär Bernhard Kühn, der Leiter des Evangelischen Allianzhauses in Blankenburg, gern in seine sächsische Heimat zurückkehren, und da sah man sich nach einem Nachfolger für ihn um. Da ich durch die gemeinsame Arbeit mit den Brüdern von den Freikirchen bei der Erweckung in Mülheim als ein Mann der Allianz bekanntgeworden war, fiel die Wahl auf mich.

Die Entscheidung war nicht leicht. War doch mit einer Annahme dieses Rufes ein Aufgeben meines Pfarramtes verbunden und wahrscheinlich auch ein Verzicht auf Pension, Witwen- und Waisenversorgung. Konnte ich das vor meinem Vater und vor meinem Schwiegervater verantworten? Mein Vater hatte das Opfer gebracht, mich Theologie studieren zu lassen, in der Hoffnung, mich damit lebenslang versorgt zu sehen. Und mein Schwiegervater hatte mir seine Tochter zur Frau gegeben unter der Voraussetzung, daß sie dann als Pfarrfrau versorgt sei bis ans Ende. Darum hielt ich es für meine Pflicht, diese Berufung zuerst den beiden Vätern mitzuteilen. Und – sie waren beide einverstanden. Sie antworteten mir: Wenn du es für den Weg und Willen Gottes erkennst, dann haben wir nichts dagegen einzuwenden. Ebenso sagte meine Frau.

Was erwartete mich in Blankenburg? Zunächst die Aufgabe, das Erholungsheim des Evangelischen Allianzhauses zu leiten und die täglichen Andachten und Bibelstunden zu halten. Im Winter durfte ich evangelisieren. Das lockte mich sehr, denn ich fühlte schon lange, daß meine Aufgabe die der volkstümlichen evangelistischen Wortverkündigung war.

Die Bedeutung Blankenburgs kommt nicht daher, daß hier einst der Kaiser Günther von Schwarzburg das Licht der Welt erblickte, so stolz die Stadt auch darauf ist, auch nicht daher, daß an der Stadt vorbei die Schwarza fließt, so berühmt auch das Schwarzatal von Blankenburg bis Schwarzburg ist. Der Grund ist ein anderer. Hier hat Anna von Weling gewirkt, die Gründerin der Allianz-Konferenz, die den Namen Blankenburg in aller Welt bekanntgemacht hat.

Im Jahre 1837 wurde sie als einziges Kind ihrer Eltern in Neuwied geboren. Ihr Vater starb, als sie noch ganz klein war.

Die Mutter, eine geborene Schottin, war eine gläubige Frau, die ihr Kind schon frühzeitig dazu anhielt, in der Bibel zu lesen und aus dem Herzen zu beten. So wurde schon in ihrer Kindheit der Grund zu einem Gott geweihten Leben gelegt.

Die große Wende ihres Lebens brachte eine Reise zu ihren Verwandten in Schottland. Dort hörte sie den Evangelisten Reginald Radcliffe. Unter seiner Predigt erlebte Anna von Weling eine gründliche Bekehrung. Damit war auch die Bereitschaft verbunden, im Reich Gottes mitzuarbeiten und etwas für den Herrn zu tun. Ganz frei zum Dienst wurde sie aber erst, als ihre Mutter im Jahre 1870 heimging, von ihrer Tochter mit aufopfernder Liebe bis zuletzt gepflegt.

Als der Krieg mit Frankreich ausbrach, stellte sie sich sofort für den Dienst an Verwundeten zur Verfügung. Es schien, als ob sie gar keine Ermüdung kenne, so rastlos war sie im Bonner Militärlazarett tätig.

Einer von ihren Pfleglingen, ihr »Riese«, wie sie ihn zu nennen pflegte, blieb lebenslang mit ihr in Verbindung. Ihm sollte damals ein Bein abgenommen werden; aber ihrer treuen Pflege verdankte er es, daß die Amputation nicht nötig wurde.

Um ihren »Riesen« zu unterstützen, widmete sich Anna von Weling der Schriftstellerei. Unter dem Namen Hans

Tharau ließ sie eine Reihe von Erzählungen erscheinen, die damals viel gelesen wurden, ihr aber auch Feindschaft von denen einbrachte, die sie in ihren Büchern gezeichnet hatte.

Durch ihren »Riesen« kam sie in seine Heimat Branderoda in Thüringen. Hier sah sie, wie nötig die Arbeit an Frauen und Kindern war, weil diese in Unkenntnis des Evangeliums dahinlebten. So reifte in ihr der Entschluß, ihnen selbst das Evangelium zu verkündigen.

Aber zunächst trat sie wieder als Krankenpflegerin in Tätigkeit.

Es brach eine Diphtherie-Epidemie aus, die unter den Kindern schrecklich wütete und viele Opfer forderte. Da gönnte sie sich bei Tag und Nacht keine Ruhe.

Als die Epidemie erloschen war, gründete sie in Branderoda eine Kinderschule, in der eine von ihr angestellte Schwester die Kinder tagsüber versorgte, wenn die Mütter auf dem Feld beschäftigt waren. Aus der kleinen Hütte, die sie baute, ist viel Segen in die Gegend ausgegangen. Sie hielt Bibelstunden und Teeabende für die Erwachsenen, Sonntagsschule für die Kleinen, die Frauen sammelte sie zu einem Nähverein – kurz, sie entfaltete in Branderoda eine rege Tätigkeit.

Das konnte der Widersacher Gottes nicht ruhig mit ansehen. Sie wurde wegen ihres Singens und Betens angeklagt, oder wie man es nannte, wegen »Ruhestörung und Hausfriedensbruchs«. Zwischen zwei Gendarmen stand die tapfere Frau vor Gericht in der Anklagebank. Sie wurde zuerst verurteilt, aber nach langem Hin und Her wurde der Prozeß endlich eingestellt.

Aber sie konnte in Branderoda nun nicht mehr länger bleiben. Zunächst ging sie nach Weißenfels, wo sie etwa ein Jahr blieb, um zu warten, was Gott ihr zeigen würde. Hier hielt sie gutbesuchte Versammlungen, gründete eine schnell aufblühende Sonntagsschule, bis der Ruf sie erreichte, und der hieß: nach Blankenburg!

Oberhalb der Stadt, an dem Weg zur Ruine Greifenstein, stand im Jahre 1886 ein bescheidenes, weinumranktes Haus, in dem bis dahin ein alter Mann gelebt, der lange darum gebetet hatte, daß hier, in dem geistlich so toten Thüringen, dem Evangelium eine Stätte bereitet werde. Dieses Haus, das heute noch steht, erwarb Anna von Weling, um es in den Dienst des Reiches Gottes zu stellen.

Nachdem sie Haus und Garten instandgesetzt hatte, wurde das Haus seiner Bestimmung übergeben, den Namen Jesu zu verherrlichen durch Aufnahme elternloser Kinder und durch Verkündigung des Evangeliums an Fernstehende. Daran knüpfte sich die Aufnahme solcher, die zur Erholung für Seele und Leib einige Zeit in einer christlichen Umgebung zu verbringen wünschten.

Gleich im ersten Jahr konnte man drei Kinder aufnehmen. Es gab auch die ersten gutbesuchten Versammlungen, die Sonntagsschule mit einer großen Zahl von Kindern und die ersten Bekehrungen unter den Gästen und den Hilfen im Hause. Aber Gott gab noch mehr. Er gab die Erfüllung eines lange gehegten Wunsches, der lange in der Seele Anna von Welings gelebt hatte. 1895 kam es zur Gründung der Blankenburger Konferenz. Sollte es nicht möglich sein, so sagte sie sich, Glieder verschiedener Kirchen und Freikirchen ein paar Tage zu gemeinschaftlichem Gebet und zur Betrachtung des Wortes Gottes zu vereinigen? Ihre Freunde rieten ab. Trotzdem wagte sie es, im Juni Einladungen an Bekannte in verschiedenen Gemeinschaften ergehen zu lassen.

Alle lehnten ab.

»Ja, wenn es Spätsommer wäre!« antwortete einer, und machte ihr Mut, im Spätsommer noch einmal einzuladen. Und diesmal kamen sie, achtundzwanzig an der Zahl.

Das war die erste Blankenburger Konferenz, die erste Allianzkonferenz in Blankenburg und in ganz Deutschland.

Dr. Baedeker, der so unermüdlich Rußland und Sibirien bereiste, war unter den ersten Teilnehmern.

Man kam in dem kleinen Versammlungslokal in dem alten Haus zusammen, das den Namen »Vereinshaus« bekommen hatte. Der Raum mußte abwechselnd als Versammlungs- und Speisesaal dienen. Man saß auf alten Schulbänken ohne Lehnen, doch die drei Tage, während man unter viel Gebet über das christliche Leben und seine Hindernisse, über Kirche und Welt und das Kommen des Herrn redete, kamen den Teilnehmern wie ein Vorgeschmack des Himmels vor.

Auch in äußerer Beziehung war die Einberufung dieser ersten Konferenz ein Glaubensschritt gewesen. Denn die Kasse war gänzlich leer. Aber die freiwilligen Gaben deckten die Ausgaben so genau, daß kein Überschuß blieb und kein Fehlbetrag entstand.

War die erste Konferenz von achtundzwanzig Teilnehmern besucht, so kamen zur zweiten schon fünfundvierzig und zur dritten siebzig Personen. Bald reichte der Raum in dem zweiten Haus, dem sogenannten »Konferenzhaus« nicht mehr aus, so daß man in einen städtischen Saal gehen mußte. Im Jahre 1898 wurde die kleine Allianzhalle gebaut, die heute als Speisehalle dient, nachdem die große Halle entstanden war.

Im Jahre 1900 mußte die Konferenz, zum erstenmal ohne die Gründerin und Mutter der Konferenz gehalten werden: Am Himmelfahrtstag war Anna von Weling begraben worden.

Aber ihr Werk ging weiter. Jahr für Jahr wird Ende August die Konferenz gehalten, zu der immer ein paar tausend Besucher nach Blankenburg kommen. Ströme von Segen sind im Lauf der Jahre von der Konferenz ausgegangen. Was für Gotteszeugen haben auf der Konferenz geredet! Hudson Taylor, der Apostel Chinas, und F. B. Meyer aus London, Gratton Guineß und Dr. Torrey Inwood und Fuller-Gooch, Otto Stockmayer und Kurt von Knobelsdorff, Generalleutnant von Viebahn und Inspektor Rappard, Elias Schrenk und Hans Werner von Tiele-Winckler und viele, viele andere!

Das Waisenhaus hatte keinen Bestand, es wurde aufgelöst, aber die Evangelisation Thüringens wurde einige Jahre später vom Thüringer Gemeinschaftsbund übernommen und fortgeführt. Auch das Erholungsheim des Evangelischen Allianzhauses besteht in großem Segen weiter.

Zur Leitung dieses Hauses wurde ich im Jahre 1905 berufen.

Er kann helfen

Die erste Blankenburger Konferenz, die ich miterlebte und durch die ich besonders gesegnet wurde, war im Jahre 1903. Ich hatte so viel von dieser Konferenz gehört, daß ich mich entschloß, sie auch einmal zu besuchen.

Redner waren in jenem Jahr der Leiter der Konferenz, Oberstleutnant von Knobelsdorff, der gerade von schwerer Krankheit genesen war, aber doch mit alter sprudelnder Frische redete, dann der Pfarrer Otto Stockmayer aus Hauptwil in der Schweiz mit seinem wunderbaren prophetischen Zeugnis, der greise Inspektor Heinrich Rappard von St. Chrischona bei Basel, der von einem halben Jahrhundert der Gemeinschaft mit Gott sprechen konnte, Pastor Theodor Jellinghaus, der Lehrer der Gemeinschaftsbewegung, der Generalleutnant von Viebahn mit klarem, bestimmtem, wohl abgewogenem Wort, Professor Ströter, Pastor Dammann, einem der Vorkämpfer der Evangelisation in Deutschland, Dr. Baedeker, der trotz seiner schwachen Gesundheit Rußland und Sibirien durchzog, um die Gefängnisse zu besuchen und das Evangelium zu verkündigen und Neue Testamente zu verteilen. Was für ein Generalstab von gesegneten Kämpfern Gottes! Da konnte der junge Mann, der zum ersten Mal auf der Konferenz war, wohl hören und lernen.

Kurz vorher hatte ein bekannter Theologe eine merkwürdige Theorie aufgestellt. Er hatte geschrieben, Kain habe seinen Bruder Abel nicht darum totgeschlagen, weil Abel das Zeugnis bekommen habe, gerecht zu sein vor Gott, sondern es habe sich um eine Liebesgeschichte gehandelt. Die beiden Brüder hätten eine Schwester Naema gehabt und die habe Abel vor Kain bevorzugt. Darum sei Kain so ergrimmt, daß er seinen Bruder erschlug.

Gegen diese Bibelkritik wandten sich nun die Redner, ein jeder in seiner Art. Knobelsdorff prägte in seiner ungemein praktischen Art ein Gleichnis. Er sagte: Wenn ich vorne aus meinem Notizbuch eine Seite herausreiße, dann wird es hinten im Buch lose. So ist es auch mit der Bibel. Wenn man 1. Mose 4 herausreißt, dann wird Hebräer 11 lose, wo Abel unter den Helden des Glaubens steht. Pfarrer Stockmayer führte aus: So wenig ich je erlaubt hätte, den Leib meiner Mutter zu sezieren, die mich geboren hat, so wenig kann ich es erlauben, daß man das Wort Gottes zerschneidet, durch das ich wiedergeboren bin! Und Professor Schröter sagte: Die Bibel ist die großartigste Schöpfung Gottes. Die Himmel sind nichts gegen sie. Die werden vergehen; aber des Herrn Wort bleibt in Ewigkeit.

General von Viebahn sagte: Wie eine Braut ihren Bräutigam erst recht kennenlernt aus seinen Briefen, so lernen wir Gott kennen aus dem Brief, den er uns geschrieben hat, aus der Bibel.

Es war mir ein Erlebnis, wie diese alten und ergrauten Mitarbeiter Gottes für die Unverletzlichkeit und Unantastbarkeit der Bibel eintraten, mit welch heiligem Ernst sie einen solchen Angriff auf die Bibel abwehrten.

Es war am letzten Tag. Wir saßen im Saal des alten Konferenzhauses am Tisch, da sagte plötzlich eine Dame mitten in der Tischgesellschaft: »Ach ja, hier in Blankenburg ist es nicht schwer, ein Christ zu sein und sich als gläubig zu bekennen; aber wenn man nun wieder nach Hause kommt! Ach, ich fürchte mich so entsetzlich!« Sie seufzte dabei so tief, daß die andern Tischgäste, so ernst die Sache auch war, sich eines Lächelns nicht erwehren konnten. Dann fragte man von allen Seiten, vor wem sie sich denn so fürchte.

Als sie ihre Lage erzählt hatte, da lachte niemand mehr. Wie schwer ist das, mit glaubenslosen Menschen zusammenzuleben, von denen man täglich mit Nadeln gestochen wird!

Endlich wandte sich die Dame auch an mich. »Was soll ich denn nur machen?« fragte sie. »Ich bin so furchtsam und so feige, Jesus zu bekennen.«

»Sie sollen gar nichts machen«, antwortete ich. »Aber in den ersten Kapiteln des Hebräerbriefes, von denen in diesen Tagen immer die Rede war, steht ein Wort, das läßt sich gut behalten, denn es ist ganz kurz. Es besteht nur aus drei Worten. Es steht am Ende des zweiten Kapitels und heißt: Er kann helfen! Als ich das Wort entdeckte, ist es mir sehr wichtig und bedeutsam geworden. Vielleicht wird es Ihnen auch so wichtig. Denken Sie daran, wenn Sie nach Hause kommen und sich fürchten, Ihren Herrn zu bekennen: Er kann helfen!«

Nach einer kleinen Weile sagte sie: »Ich danke Ihnen. Ja, das will ich mitnehmen und mir immer gegenwärtig halten: Er kann helfen!«

Die Mahlzeit war zu Ende. Wir gingen auseinander. Da kam der Bruder meiner Frau auf mich zu, der nicht im gleichen Raum gegessen hatte: »Du weißt wohl schon, du sollst nachher die Bibelstunde halten!« »Eberhard, mach keine Scherze!« antwortete ich. »Doch, doch, wirklich! Das Komitee hat es beschlossen, daß du nachher sprichst.«

»Aber ich bin doch nicht zum Reden, sondern zum Hören nach Blankenburg gekommen! Ich habe durchaus nicht daran gedacht, daß ich hier reden sollte. Und nun gar: heute nachmittag! Das geht doch nicht!«

Da – kam meine Nachbarin vom Mittagessen auf mich zu und sagte: »Er kann helfen!«

So ging ich denn in mein Quartier, um mich auf meine Bibelstunde zu rüsten. Nach einem Text brauchte ich nicht erst zu suchen. Es war mir gleich klar, daß ich über diese drei Worte sprechen sollte.

Es war bestimmt, daß zuerst Pastor Lüdecke reden sollte und dann ich, und nun mußte es sich zeigen, ob es wahr sei: Er kann helfen!

Ich begann: »Die Konferenz geht zu Ende, die Koffer sind zum Teil schon gepackt; aber ich denke, ein wenig Platz habt ihr noch! Die meisten von euch nehmen gewiß auch etwas mit als Andenken für die Angehörigen zu Hause, ein paar Ansichtskarten, ein Bild oder dergleichen. Ich möchte euch auch noch etwas zum Mitnehmen mitgeben, und zwar etwas ganz Praktisches: aus Hebräer 2,18 nur die drei Worte, die ihr euch unterstreichen sollt: ›Er kann helfen!‹«

Zunächst wandte ich mich an die noch nicht Glaubenden und sagte ihnen, daß es der Wille Gottes sei, daß allen Menschen geholfen werde. Dann wandte ich mich an die Kinder Gottes und sagte, man könne diese Hilfe erfahren haben und doch im entscheidenden Augenblick nicht daran denken und damit rechnen, so wie Israel die Hilfe des Herrn beim Auszug aus Ägypten erfahren habe und doch immer wieder versagte, wenn neue Proben kamen.

Und nun wandte ich mich an die Diakonissen, an die Hausmütter, an die Offiziere und ihre Frauen und Töchter, an die Reichsgottesarbeiter usw. und sprach von ihren besonderen Nöten und Schwierigkeiten, um ihnen dann den Rat mitzugeben: Er kann helfen!

Es gibt keine Lage, in der Jesus versagte, in der man sich vergeblich an ihn wendete. Man tut gut, mit diesem Gedanken an das Tagewerk und durch den Tag zu gehen: Er kann helfen!

Die Versammlung war zu Ende. Aber die Lektion dieser drei Worte bewies sich als segensreich. Viele reisten damit nach Hause. Und nachher schrieben sie mir, wie sie die Wahrheit dieser drei Worte erlebt hätten, und sie erzählten mir kostbare Geschichten von der Durchhilfe des Herrn.

Ströme von Segen sind von dieser Konferenz ausgegangen. Viele haben sich als seine Boten in die Welt senden lassen.

Im Erholungsheim

Im Erholungsheim, dessen geistliche Leitung ich im Mai 1906 übernahm, wurden täglich Morgen- und Abendandachten gehalten, und außerdem war jeden Morgen eine Bibelstunde.

In Mülheim hatte ich wohl fast jeden Tag eine Bibelstunde zu halten; aber in Blankenburg hatte ich nun täglich dreimal das Wort zu verkündigen. Da merkte ich bald, daß ich besondere Ausrüstung brauchte, um dieser Aufgabe gewachsen zu sein und doch nicht zu einer Sprechmaschine zu werden. Die Aufgabe war um so schwerer, als ich unter den Gästen auch Prediger des Evangeliums hatte, die sich nicht scheuten, mich zu kritisieren, wenn ich etwas gesagt hatte, was nach ihrer Ansicht nicht ganz richtig war.

So trieb mich die Aufgabe, die mir gestellt war, noch in ganz anderer Weise ins Gebet als früher.

Aber wir durften auch Wunder über Wunder erleben. Es war mir wirklich eine Freude, mich selbst mit unsern Gästen täglich dreimal unter das Wort Gottes zu stellen. Da habe ich so recht erfahren, was das Wort Gottes für eine Kraft ist und was es für eine Wirkung hat.

Eine Berlinerin war mit ihrer Freundin gekommen. Die Freundin erklärte ihr aber mit großer Bestimmtheit: »Keine zehn Pferde bringen mich in die Bibelstunde.« Natürlich zwangen wir sie nicht. Aber wir beteten für sie, daß der Herr sie überwinden möchte. Und – sie hatte bei den Spaziergängen auch öfter gläubige Nachbarn, die über das eine, was not tut, mit ihr sprachen.

Das wurde ihr endlich über und sie beschloß, auszuziehen. Selbstverständlich ließen wir sie ziehen. Aber unsere Gebete gingen mit ihr. In der folgenden Nacht gab es ein schweres Gewitter. Wenn ein Gewitter einmal in unseren Bergen festgehalten wird, dann ist es schlimm. So war es in dieser Nacht. Es blitzte und donnerte ganz gewaltig. Und das arme Fräulein lag so mutterseelenallein in ihrem Hotelzimmer draußen im Schwarzatal, daß sie sich über die Maßen fürchtete.

Am andern Morgen kam sie wieder und fragte, ob wir sie wieder aufnehmen wollten. Jawohl, von Herzen gern. Und sie kehrte zu uns zurück. Und – jetzt nahm sie auch an den Bibelstunden und Andachten teil. Diese Schreckensnacht hatte sie auf andere Gedanken gebracht. Es währte nicht lange, da kam sie zum Glauben an Jesus Christus. Und als der Tag der Abreise kam, bat sie, ob die Bibelstunde nicht früher gehalten werden könnte, damit sie noch einmal daran teilnehmen könnte.

Eine wunderbare Geschichte erlebten wir auch mit Fräulein Hanisch, einer Lehrerin aus Schlesien. Sie fiel mir gleich bei ihrem Kommen durch ihre todestraurigen Augen auf. Ich mußte immer darum beten, daß Gott ihr ein paar fröhliche Augen geben möchte.

Eines Tages beim Kaffee erzählte einer der Gäste, daß er sich bekehrt habe, als er achtzehn Jahre alt gewesen sei. Da fuhr Fräulein Hanisch auf: »Waren Sie denn so schlecht, daß Sie sich bekehren mußten?« »Nun, bekehren müssen wir uns doch alle einmal«, antwortete er. Da hatte er sie aber schwer beleidigt. »Das verbitte ich mir«, sagte sie. »Ich habe die besten Zeugnisse von meinen Vorgesetzten. Das habe ich nicht nötig!« Nun ging das Gespräch am Tisch hin und her und es wurde ihr auch von anderer Seite gesagt, daß man sich bekehren müsse.

Da fragte sie mich, ob das wahr sei, was da behauptet wurde, daß jeder eine Bekehrung erlebt haben müsse. Ich bestätigte das und sagte ihr, daß es in jedem Leben einmal eine Wendung zu Jesus hin geben müsse. Diese Wendung aber geschehe nicht im Schlaf, sondern mit einer willensmäßigen Entscheidung für Ihn.

Sie sann eine Weile darüber nach. Dann sagte sie: »Vielleicht könnte ich sagen, daß ich diese Wendung bei meiner Konfirmation gemacht habe, daß ich es bei meiner Konfirmation erlebt habe.« Ich antwortete: »Ich bestreite keinen Augenblick, daß man diese Geschichte auch bei der Konfirmation erleben kann; aber wenn Sie sagen: ›Vielleicht‹, dann scheint mir das doch etwas unsicher zu sein.«

Da verließ sie mich und sagte: »Darüber muß ich noch weiter nachdenken.«

Aber dieses Nachdenken führte sie dazu, daß sie sich gegen das Gehörte auflehnte. Eines Mittags höre ich: »Fräulein Hanisch ist nach Jena abgereist, sie hat ihren Koffer mitgenommen.« »Ach«, dachte ich, »da läuft sie nun mit einem wunden Herzen in Jena herum, um die steinernen Sehenswürdigkeiten der Stadt anzusehen!« Und wir beteten zusammen darum, Gott möge sie doch zurückbringen. Und wenn er sie heute noch zurückbringe, dann wollten wir daraus erkennen, daß sie sich in Blankenburg noch bekehren werde.

Am Abend war Fräulein Hanisch wieder da. Ich begrüßte sie voll Freude. Dann sagte ich ihr: »Wissen Sie, was Ihnen hier begegnet? Sie werden sich hier bekehren. Wir haben es als Zeichen von Gott erbeten, wenn Sie heute noch zurückkämen, daß Sie sich hier bekehren würden.« »Bilden

Sie sich nur keine Schwachheiten ein!« antwortete sie. »Wir werden ja sehen«, sagte ich.

Es dauerte auch nicht mehr allzulange. Ihre Ferienzeit neigte sich dem Ende zu. Da kam sie eines Morgens in mein Sprechzimmer. »Das war eine schreckliche Zeit, die ich hier verlebt habe«, sagte sie. »Alles haben Sie mir genommen, worauf ich mich stützte; aber auch alles. Meine ganze Frömmigkeit und Tüchtigkeit, alles ist mir genommen worden. Ich komme mir so arm und erbärmlich vor, wie noch nie in meinem Leben.«

»Das freut mich«, sagte ich.

»Das freut Sie?« fuhr sie auf.

»Jawohl, das freut mich. Denn solange Sie fromm und tüchtig waren in Ihren eigenen Augen, solange konnte der Heiland nichts mit Ihnen anfangen. Aber wenn Sie sich so arm und elend vorkommen, dann sind Sie gerade in der rechten Verfassung, um zu Jesus zu kommen, der die Mühseligen und Beladenen einlädt, um sie zu erquicken.«

»Meinen Sie denn, daß er mich in diesem Zustand annehmen würde?«

»Das weiß ich bestimmt. Denn der Herr Jesus hat gesagt: Wer zu mir kommt, den werde ich nicht hinausstoßen.«

Ich habe ihr dann den Weg des Heils noch deutlicher auseinandergesetzt, und dann geschah etwas Merkwürdiges. Als wir niederknieten zum Gebet, da hatte sie noch ihre traurigen Augen, und als wir wieder aufstanden, da hatte sie ein Paar glückstrahlende Augen im Gesicht. »Ich brauche Sie wohl nicht zu fragen, ob der Herr Sie angenommen und Ihr Gebet erhört hat?« »Nein, das brauchen Sie nicht. Ich bin ganz gewiß: Jesus nimmt die Sünder an, mich hat er auch angenommen.« »Gott sei Lob und Dank!«

Und sie verlor die glücklichen Augen auch nicht wieder. Sie reiste mit ihren glücklichen Augen heim.

Wenn die täglichen Andachten und Bibelstunden mich ins Gebet trieben, tat das nicht minder der Bau der Konferenzhalle in jenem Sommer 1906, in dem ich nach Blankenburg kam.

Der Besuch der Konferenz war in den letzten Jahren so gewachsen, daß die alte Halle nicht mehr ausreichte. Es wurden Parallelversammlungen in der oberen offenen Halle und im Rathaussaal gehalten. Aber das war doch nur ein Notbehelf. Die alte Halle konnte des Geländes wegen nicht vergrößert werden, ebensowenig konnten Emporen eingebaut werden. So wurde denn beschlossen, etwas unterhalb der alten Halle eine neue, geräumige Konferenzhalle zu errichten. Darin sollte auch Raum sein für die Buchhandlung, ein Sitzungszimmer, eine Buchhalterei usw.

Wir reichten die Baupläne zur Genehmigung ein und warteten auf Bescheid. Der Bescheid kam nicht. Im Juni reiste ich zur Tersteegensruh-Konferenz bei Mülheim an der Ruhr. Da bat ich die alten Brüder, doch mit mir darum zu beten, daß uns die Bauerlaubnis gegeben werden möchte. Da sagte der alte Inspektor Rappard von Chrischona zu mir: »Bruder Modersohn, wenn ihr jetzt noch keine Bauerlaubnis habt, dann gib den Gedanken auf, daß die Halle bis Ende August fertig wird. Ich habe in meinem Leben viel gebaut. In der kurzen Zeit kann die Halle nicht errichtet werden!« Ich sagte ihm, sie müsse aber fertig werden. Er blieb aber dabei, es sei unmöglich.

Die Halle wurde tatsächlich bis zur Konferenz fertig. Wenige Tage darauf schrieb der alte Rappard mir einen Brief, in dem er sagte: »Ich alter Mann muß mich schämen, noch so kleingläubig zu sein. Ich höre, daß die Halle doch fertig geworden ist.« Wie beschämte mich das demütige Bekenntnis des teuren alten Bruders!

Freilich, um die Halle fertig zu bekommen, hatte es vieler Gebete und der Wunder Gottes bedurft.

Schwere Jahre

Während ich in Blankenburg das Erholungsheim leitete, kam die Pfingstbewegung auf, und sie war es, die nicht nur der Gemeinde Gottes in Deutschland, sondern auch mir persönlich schwere Jahre brachte.

Das erste, was ich von der Pfingstbewegung hörte, waren die Artikel, die Johannes Seitz im »Brüderboten« über die Bewegung in Los Angeles in Kalifornien veröffentlichte. Seitz hatte lange auf eine Wiederkehr der Apostelzeit mit einer Wiederbelebung der apostolischen Gaben gewartet. Nun schien die Erfüllung seiner Sehnsucht gekommen. Er schrieb von einem »Pfingsten wie zu der Apostel Zeit«.

Er hat dann bald die Artikel abgebrochen, als es ihm klar wurde, daß das doch nicht die Erfüllung seiner Hoffnung sei.

Von Los Angeles kam dann die Pfingstbewegung nach Norwegen und durch Emil Meyer über Hamburg nach Deutschland.

Nun wurden auch solche Versammlungen unter der Leitung von Heinrich Dallmeyer in Kassel gehalten. Ich wurde eingeladen hinzukommen und sie mir anzusehen, um dann in meiner Zeitschrift darüber zu berichten.

Was ich in den vier Versammlungen, an denen ich teilnahm, sah und hörte, stieß mich eher ab, als daß es mich angezogen hätte. Aber ich wagte nicht recht, meiner Kritik Raum zu geben. Heinrich Dallmeyer trat mit großer Sicherheit auf und verkündigte gleich am ersten Morgen: »Ich habe ein Wort zu sagen als ein Wort vom Herrn, das er mir aufgetragen hat, das heißt: Alle, die sich verwirren lassen, gehören zu den törichten Jungfrauen.« Dazu wollte ich aber doch nicht gehören. Und darum drängte ich meine Kritik zurück. In der Versammlung am Nachmittag wurde über den Unglauben der Anwesenden geklagt, wodurch der Segen gehindert werde. Ich fragte mich ernstlich, ob ich ein Hindernis des Segens sei.

Als ich abreiste, faßte ich mein Urteil in Worte zusammen: »Gott hat in Kassel ein Feuer angezündet, aber es brennt noch mit viel Rauch und Qualm. Ich hoffe und bete, daß das Feuer bald hell durchbrennen möchte, damit die Rauchentwicklung bald ein Ende hat.«

Diese Hoffnung erfüllte sich nicht. Im Gegenteil, die Ausschreitungen wurden immer lauter und lärmender. Es mischte sich offenbar auch Dämonisches hinein. Heinrich Dallmeyer trat von der Leitung der Versammlung und von der ganzen Sache zurück. Elias Schrenk, der erst dafür eingetreten war, wie auch Theodor Haarbeck traten dagegen auf. Aber sie ging weiter und verbreitete sich.

Es war für mich eine sehr schwere Zeit. Ich war mit den Männern, die nun die Führer der Pfingstbewegung waren, durch Jahre hindurch verbunden gewesen. Auf mancher Konferenz hatte ich mit Pastor Paul zusammen gedient, und ich war durch ihn manchmal gesegnet worden. Dasselbe galt von Edel in Brieg. So wäre es nur natürlich gewesen, daß ich mit ihnen gegangen wäre.

Aber ich wurde innerlich gehindert, mich der Pfingstbewegung anzuschließen. Als ich einmal in Tabarz im Thüringer Wald ein paar Ferientage verlebte, kam Emil Humburg eigens zu diesem Zweck von Mülheim angereist, um mich persönlich zur Teilnahme an der Mülheimer Pfingstkonferenz einzuladen. Aber so sehr er auch bat und mich zu bestimmen suchte, ich mußte ihm eine Absage geben. Ich wurde innerlich zurückgehalten.

Diese innere Hemmung blieb. Während einer Blankenburger Konferenz kamen die der Pfingstbewegung angehörenden Brüder einmal in meinem Hause zusammen. Aber was ich da sah und hörte von Zungenreden, stieß mich so ab, daß ich die Brüder bat, nicht wieder zu mir zu kommen.

Es war mir eine innere Unmöglichkeit, mich dieser Strömung anzuschließen. Aber es war mir auch nicht möglich, mit den Gegnern gemeinsame Sache zu machen. Es wurde damals fast alles für dämonisch erklärt. Ich kannte aber doch viele liebe Gotteskinder in Mülheim, die in diese Richtung hineingegangen waren. Die alle für besessen zu erklären, das war mir unmöglich.

So hielt ich mich neutral. Man hat damals wohl von mir geschrieben und gesagt, das sei Politik und Berechnung von mir gewesen. Ich hätte erst abwarten wollen, wie sich die Mehrheit entscheiden werde, und dann hätte ich mich dieser angeschlossen. Aber dieses Urteil trifft nicht zu. Diplomatische Berechnung liegt nicht in meinem Wesen. Ich hätte viel darum gegeben, wenn ich klar und bestimmt auf eine der beiden Seiten hätte treten können. Aber ich konnte es nicht.

In dem Buch von Ludwig Thimme »Kirche, Sekte und Gemeinschaftsbewegung« steht eine Stelle, die ziemlich genau das sagt, was ich auch über die Pfingstbewegung denke. Er schreibt: »Man versuchte, die Entstehung der Pfingstbewegung durch eine eigne Dämonologie zu erklären, so besonders Dallmeyer, Seitz und Ströter. Hierbei verkannte man vollständig die physisch-psychischen Beziehungen, die bei dem Auftreten des Zungenredens hier wie bei ähnlichen religionsgeschichtlichen Erscheinungen anderer Religionen eine Rolle spielen. Statt dessen griff man auf die Dämonen zurück und bewies durch diese Hilfserklärung nur den Mangel sowohl an geschichtlichem Überblick wie einer Selbsterkenntnis, die aus der Krise zu wahrer Gesundheit hätte führen können. So gelang es der deutschen Gemeinschaftsbewegung nicht, die sich inzwischen immer fester organisierende Pfingstbewegung innerlich zu überwinden, so daß die Trennung als Endresultat blieb.«

Unser Werner

Nun muß ich aber wieder einmal ein Stück aus unserem Familienleben erzählen.

Am 24. Oktober 1902 wurde in Mülheim unser erster Sohn geboren, dem der Name Werner gegeben wurde. Die Betrachtung des Neukirchner Abreißkalenders handelte an diesem Tag über das Wort: »Ich werde nicht sterben, sondern leben und des Herrn Werke verkündigen.« Das war uns eine Antwort auf unser Gebet, daß das Kind sich früh für Jesus entscheiden möchte.

Das Wort behielt in wunderbarer Weise recht, auch nach seinem ersten Teil. Es ging durch große Nöte mit dem Kleinen hindurch. Einmal stand es so schlecht mit ihm, daß der Evangelist Jakob Vetter, der gerade im Hause weilte, ihn salbte und über ihm betete, um ihn fürs Leben oder fürs Sterben dem Herrn zu übergeben.

Eine große Veränderung gab es in Werners Leben, als wir von Mülheim nach Blankenburg übersiedelten. Während des Umzugs sollten die Kinder erst nach Naumburg zu den Großeltern gebracht werden, von da sollten sie dann nach Blankenburg kommen, wenn die neue Wohnung fertig eingerichtet sei. Wenn man Werner in der Zeit vor dem Umzug fragte: »Wo fährst du denn hin?« dann antwortete er mit lauter Stimme: »Zuerst nach Naumburg und dann nach Blankenburg und dann in den Himmel!«

So ist es auch gekommen.

Als Werner viereinhalb Jahre alt war, sagte er eines Morgens früh zu den Eltern: »Daran wird jedermann erkennen, daß ihr meine Jünger seid, so ihr Liebe untereinander habt – was ist das eigentlich: ein Jünger?« Ich suchte es ihm zu erklären: »Ein Jünger ist ein Mensch, der dem Heiland nachfolgt und seinen Willen tut.« Nach einer Pause des Überlegens sagte er wieder: »Dann ist der Teufel kein Jünger; aber alle Menschen sind Jünger, nicht wahr?« »Ach nein«, antwortete ich, »nicht alle Menschen sind Jünger. Es gibt auch solche, die wollen dem Herrn Jesus nicht nachfolgen, die wollen seinen Willen nicht tun.« Da erklärte er: »Aber wenn ich groß bin, dann werde ich auch ein Jünger.« »Wenn du ein Jünger werden willst, dann brauchst du nicht zu warten, bis du groß bist«, sagte ich ihm. »Der Herr Jesus hat gesagt: Lasset die Kindlein zu mir kommen und wehret ihnen nicht, denn solcher ist das Reich Gottes.« »Ja«, antwortete er, »das möchte ich wohl; ich weiß aber nicht, wie ich's machen soll.« Da sagte ich zu ihm: »Komm mal zu mir!« und er kletterte zu mir ins Bett. Dann fragte ich ihn, ob er wohl schon etwas Böses getan habe. Ja, das wußte er ganz genau, daß er schon manches getan habe, was dem Heiland nicht recht war. Und dann fragte ich weiter, ob er auch manches ungern tue, was die Eltern verlangten. Ja, da war auch etwas. Wegen einer Erkältung sollte er Emser Kränchen trinken, und das mochte er gar nicht. »Wenn der Heiland nun haben will, daß du Emser Kränchen trinkst, was dann?« »Dann will ich's auch gern tun!« So suchte ich ihm einen Begriff von Sünde und Gehorsam gegen den Herrn beizubringen. Dann beteten wir mit ihm und er betete auch und gab in aller Einfalt sein Herz und seinen Willen dem Herrn.

Von dieser Morgenstunde an wußte er sich mit völliger Bestimmtheit als ein Eigentum Jesu – und das ist ihm auch nie wieder fraglich geworden.

Werners ganzes Verlangen war nur, den Herrn Jesus kennenzulernen. Beim Spazierengehen wußte er es immer so einzurichten, daß er neben die Mutter kam. Und dann bat er: »Erzähl mir etwas vom Herrn Jesus!« Und dann erzählte sie dem gespannt lauschenden Jungen von den wunderbaren Taten, die der Herr Jesus getan hat, und was er für herrliche Geschichten und Gleichnisse erzählt hat, und wie er für uns am Kreuz von Golgatha gestorben ist. Er konnte davon nie genug hören. Wenn die Mutter endlich müde war und aufhören wollte, dann hieß es immer wieder: »Bitte, erzähl weiter!«

Er ging noch lange nicht in die Schule, da bekam er von der Sonntagsschule eine Bibel geschenkt zur Belohnung für treues Kommen und fleißiges Lernen der aufgegebenen Sprüche. Nun war er aber stolz, eine eigne Bibel zu haben! Wenn er sie nur schon hätte lesen können! Aber das ging ja noch nicht. Und wir wollten es ihm nicht vorzeitig beibringen. Nun bat er immer wieder: »Lies mir doch bitte etwas aus der Bibel vor.« Einmal bat er auch seinen Onkel darum. Aber der wollte nicht. Da sagte er: »Wenn ich nur erst lesen kann, dann geht's aber los!«

Manchmal bat er sich auch die Bibel aus, um darin zu lesen, wie er meinte. »Du kannst ja noch gar nicht lesen!« sagte man ihm. »Oh, ich bitte den Herrn Jesus, daß ich's verstehe!« Und dann legte er sich lang auf die Erde, die Bibel vor sich, in der man ihm eine bekannte Geschichte aufgeschlagen hatte. Dann erzählte er mit lauter Stimme die Geschichte, während sein Finger unter den Reihen hinglitt, als ob er wirklich läse.

Endlich kam er in die Schule, und nun eilte er mit dem Lesenlernen, wie er nur konnte, um nur ja bald die Bibel lesen zu können. Er ging erst ein halbes Jahr in die Schule, da fing er an, mit seiner Mutter zusammen die Bibel zu lesen. Wenn sie dann miteinander gelesen hatten, wobei die Mutter alles erklärte und seine vielen Fragen beantwortete, dann beteten sie zusammen. Dann betete der Junge aus Herzensgrund: »Herr Jesus, wir danken Dir, daß wir die Bibel haben, daß wir nun Dein schönes Wort Gottes lesen dürfen.«

Kein Wunder, daß seine Bibel bald aus dem Einband ging. Sie mußte neu eingebunden werden. Nun wurde sie in Leder gebunden, damit sie besser hielt.

Seine Bibel ist sehenswert. Viele, viele Stellen sind unterstrichen. Verse und Sprüche stehen auf dem inneren Deckel. Neben mancher Stelle steht am Rande eine Bemerkung, wer darüber gesprochen hat und was ihm dabei wichtig wurde. Es waren nur eineinhalb Jahre, daß er in der Bibel las; aber wie hat er diese kurze Zeit benutzt, sich mit dem Wort Gottes vertraut zu machen!

So wie Werner die Bibel liebte, so wollte er auch gern, daß andere sie lesen und lieben möchten. Wie oft, wenn ein Arbeiter oder Handwerker im Hause oder im Garten zu tun hatte, dann machte sich der Kleine an ihn heran und fragte ihn, nachdem er ihm eine Weile zugesehen hatte, mit seinem freundlichsten Lächeln: »Kennen Sie auch den Herrn Jesus?« Wenn dann die Antwort kam: »Nun freilich!« – dann ließ er sich nicht abschrecken, weiter zu fragen: »Haben Sie ihn denn auch lieb?« Dann kam seine Kernfrage: »Lesen Sie denn auch in der Bibel?« Das gehörte für ihn zusammen: Den Herrn Jesus liebhaben und in der Bibel lesen.

Man könnte denken, es wäre unkindlich, wenn ein Junge so spräche. Aber das war es bei ihm nicht. Er sprach von dem, wes sein Herz voll war. Sein Herz war voller Liebe zum Herrn, darum konnte er es nicht lassen, davon zu sprechen. Darum gab er sich auch solche Mühe, seine Schulkameraden zum Besuch der Sonntagsschule zu veranlassen. Darum holte er sie ab und brachte sie mit.

Darum verteilte er Traktate. Mit dem freundlichsten Gesicht sagte er dabei: »Wollen Sie etwas Schönes vom Herrn Jesus lesen?« oder auch wohl: »Sie müssen es aber auch lesen!«

So war Werner, obwohl noch so klein, doch schon ein Zeuge Jesu. Er verkündigte die Werke des Herrn, wie es am Tage seiner Geburt geheißen hatte, so gut er es vermochte und verstand.

Er betete auch für die Leute, mit denen Gott ihn zusammenführte. Besonders betete er für die Arbeit, die Schwester Eva von Tiele-Winckler unter den heimatlosen Kindern begonnen hatte.

Zu Beginn der großen Blankenburger Konferenz stand er am Bahnhof, um den Konferenzgästen ihr Gepäck tragen zu helfen und ihnen den Weg zu ihrem Quartier zu zeigen. Wenn er dafür Geld erhielt, kam er mit gühendem Gesicht zu Schwester Eva gelaufen und lieferte seine Einnahme ab »für den Warteberg«.

Der letzte Groschen, den er als Belohnung bekam für geduldiges Schlucken eines Pulvers in den Tagen seiner Krankheit, der ist auch auf den Warteberg gewandert. Aber Schwester Eva sagte, dieser letzte Groschen solle nicht verbraucht werden, der solle bleiben, um vielen, die den Groschen sähen, von dem kleinen Freund der heimatlosen Kinder zu erzählen, der so treulich für sie gebetet und gearbeitet habe.

Wenn man das so liest und hört, dann könnte man denken, Werner sei immer ein stilles, braves Kind gewesen. Aber das wäre ganz falsch.

Manchmal schäumte seine Lebenslust auch über, so daß sie gedämpft und gezügelt werden mußte. Ja, manchmal gab es auch Strafe, wenn es nötig war. Eines Tages hatte ich ihm eine tüchtige Tracht Prügel zukommen lassen. Da betete er am Abend, als er auf den Tag zurückblickte: »Lieber Heiland, ich danke dir, daß du meinen Vater so streng gemacht hast, der mich heute so gehauen hat. Du weißt ja, daß ich einmal ein tüchtiger Mann werden möchte, und da muß mich mein Vater doch streng erziehen.«

Es war rührend, wie schnell er bereit war, um Verzeihung zu bitten, wenn er etwas Unrechtes gesagt oder getan hatte. Oft, wenn ihm am Abend im Bett einfiel, daß er gegen jemand unfreundlich gewesen war oder böse Worte gebraucht hatte, bat er, man möge doch an sein Bett kommen, damit er Abbitte tun könne.

Da plötzlich, ganz plötzlich bezog sich der Himmel mit dunklen Wolken. Er wurde krank, schwerkrank. Mit Erbrechen fing es an. Aber bald zeigte es sich, daß es nicht etwa ein verdorbener Magen war, sondern eine ernstliche, tödliche Krankheit, eine Entzündung der Nieren.

Wir waren in weiter Ferne, meine Frau und ich, als zwei Telegramme uns zurückriefen. Wir benutzten den schnellsten D-Zug, aber es dauerte doch siebenundzwanzig Stunden, bis wir daheim waren. Das war ein langer, dunkler Tunnel.

Endlich waren wir am Ziel. Der kleine Kranke streckte die Arme nach uns aus und zog uns zu sich nieder, um uns zu küssen. Aber wie sah er aus! So abgezehrt und verfallen in den wenigen Tagen! Er sah einem Toten mehr ähnlich als einem Lebenden. So furchtbar hatte die Krankheit ihm zugesetzt.

Seine Kräfte verfielen schnell. Man konnte ihn gar nicht mehr für denselben Jungen halten. Er redete nicht mehr viel. Aber wenn er sprach, dann mit einem tiefernsten Gesicht und einem ganz veränderten Ton: »Jesus, dir leb' ich, Jesus, dir sterb' ich, dein bin ich tot und lebendig, in Ewigkeit hat er uns erlöst, Halleluja!« Als er seine Mutter einmal an seinem Bett mit den Tränen kämpfen sah, da sagte er mit merkwürdiger Betonung, indem er sie lange ansah: »Friede sei mit dir!«

Einmal schaute er mit verklärtem Gesicht gen Himmel, und dann sagte er entzückt die Worte: »Ach, ist das wunderschön!« Da hatte er wohl schon einen Blick getan in die Herrlichkeit, die sich ihm auftat.

Noch zwölf Tage lang durften wir ihn haben, ihn sehen, ihn pflegen. Immer schwerer wurden sie.

Es war an einem der letzten Tage. Da kam meine Frau zu mir und sagte: »Wenn der Herr Jesus jetzt leibhaftig vor mich hinträte und mich fragte: Was soll ich tun? Soll ich ihn euch nehmen oder soll ich ihn euch lassen? – ich könnte doch nur sagen: Herr, wähle du für mich! Du weißt, was für ihn und für uns gut ist. Wähle du!« Und er wählte für uns.

An einem Mittwochmorgen, früh um acht Uhr, da stand das kleine, schwer atmende und ringende Herz still. Draußen sangen die Vögel und dufteten die Blumen, denn es war der 24. Mai. Und drinnen wurde es ganz stille. Die kleine Brust röchelte nicht mehr, das Herz plagte sich nicht mehr. Ganz stille war es, ganz still. –

Aber steht auch dieses Kapitel unter der Überschrift: Er führet mich auf rechter Straße? Ja, auch dieses! Gott macht keine Fehler.

Jemand schrieb mir nach seinem Tod das Wort aus dem Philemonbrief: »Vielleicht ist er darum eine Zeitlang von dir genommen, daß du ihn ewig wieder hättest!«

Ich weiß ihn geborgen. Er ist daheim. Ich habe nur zu danken.

Er führet mich auf rechter Straße um seines Namens willen.

In Schweden

Als ich nach Blankenburg gerufen wurde, geschah es mit dem Auftrag, im Sommer das Erholungsheim zu leiten und die täglichen Andachten zu halten, aber im Winter sollte ich für Evangelisationen frei sein.

Kaum war diese meine Aufgabe bekannt geworden, da kamen Einladungen von nah und fern.

Meine erste Reise ging nach Schlesien.

Aber besonders erinnerungsreich war für mich eine Reise nach Schweden im Jahr 1907, die ich auf Einladung des Prinzen Bernadotte machte, der mich auf einer Blankenburger Konferenz kennengelernt hatte. Ich sollte auf der schwedischen Gemeinschaftskonferenz in Södertelje dienen, einem kleinen Ort in der Nähe von Stockholm. Es war das erstemal, daß ein Deutscher zu dieser Konferenz eingeladen wurde. Bisher hatte man immer englische Redner gehört.

Als ich im Zuge saß, der von Malmö kam, zog der neben mir sitzende stattliche Mann ein Buch aus der Tasche, in schwarzes Leder gebunden. Ich dachte mir: Das sieht doch wie eine Bibel aus! Richtig, mitten über die Seite ging der Strich, der die Seite in zwei Spalten teilte, und oben darüber stand ein Wort mit Zahlen dahinter: offenbar eine Bibel!

Jetzt zog ich meine Bibel auch heraus und sagte ganz langsam und deutlich: »Jetzt kommen zwei Bibeln zusammen.« Mein Nachbar lachte. Offenbar verstand er mein Deutsch nicht oder er konnte es wenigstens nicht sprechen. Er fing an, in seiner Bibel zu blättern und sagte dabei immerfort Worte, die klangen wie: »Jeremia femtiu sextiu.« Ich dachte, das heißt gewiß: »Jeremia fünfzehn, sechzehn.« Er las mir die Stelle in der schwedischen Bibel vor: »När jag fick dina ord blefvo de min spis.« In meiner Bibel aber stand: »Dein Wort ward meine Speise, da ich's empfing.« Nun verstand ich, was er sagen wollte. Er wiederholte immer, auf die Bibel deutend: »Min spis, min spis.« »Jawohl«, lachte ich, »min spis auch.«

Er schien aber zu fürchten, daß ich ihn noch nicht recht verstanden hätte. Darum zog er die Tischkarte zum Mittagessen im Zuge hervor und sagte: »Bibel is diner.« »Jawohl«, antwortete ich, »man kann das Wort essen, wie man ein Diner, ein Mittagessen, zu sich nimmt.«

Und nun gab es eine kostbare Unterhaltung, obwohl wir uns gegenseitig nicht verstanden. Er zeigte mir eine Lieblingsstelle in seiner Bibel, die ich nach Kapitel und Vers dann in meiner Bibel aufschlug. Und dann lachte ich ihn an, um ihm zu zeigen, daß mir das Wort auch köstlich sei. Dann schlug ich ein Wort in meiner Bibel auf, das er dann in seiner Bibel nachsah, und dann freute er sich, wenn das auch eines seiner Lieblingsworte war.

Als wir uns so gegenseitig mit Bibelstellen unterhielten, mischte sich die Dame, die uns gegenübersaß, in unsere Unterhaltung ein, indem sie sagte: »Oh, ich liebe auch den Beibel, ich habe bei Pastor Lohmann im Bibelhause in Freienwalde gewesen.« Nun war sie die dritte im Bunde, und nun unterhielten wir uns zu dritt über die schönsten Stellen der Bibel. Sie eine Schwedin, der Herr ein Finne, ich ein Deutscher. Aber trotz der babylonischen Sprachverwirrung, die zwischen uns herrschte, verstanden wir uns doch als Glieder der einen Gemeinde Jesu Christi, des »Volkes seines Eigentums.«

Und als wir uns trennten, haben wir uns die Hände geschüttelt, als ob wir alte Freunde gewesen wären.

Der Leiter der Konferenz war Prinz Oskar Bernadotte, der Sohn des inzwischen verstorbenen Königs Oskar, der jüngere Bruder des jetzt regierenden Königs Gustav von Schweden. Schon in jungen Jahren war er ein überzeugter Christ geworden. Darum wollte er auch nur mit einer gläubigen Frau verheiratet sein. Als er eine solche in der Person der Hofdame Ebba Munk gefunden hatte, erklärte er sich bereit, auf die Anwartschaft auf den Thron zu verzichten. Eine gottgesegnete Ehe und ein Dienst im Reich Gottes schienen ihm wichtiger als das Anrecht auf eine irdische Königskrone.

Und wie treu war er in seinem Einsatz für den Meister! Jeden Winter ging er mit seiner Frau hinauf in den Norden Schwedens, in das eisige Lappland, um den Lappländern das Evangelium zu predigen. Während der Prinz dann mit den Männern in der einen Hütte zusammensaß, war die Prinzessin mit den Frauen in der Frauenhütte zusammen. Und Gott beglaubigte ihren treuen Dienst.

Auch in einer andern Weise lernte ich den Prinzen und sein Herz voll Liebe kennen.

Als ich nach Stockholm kam, wurde ich gefragt, ob ich nicht auch die beiden jungen deutschen Männer besuchen wolle, die dort im Zuchthaus säßen, zum Tode verurteilt.

»Was haben die denn gemacht?« fragte ich. »Ja, haben Sie das denn nicht in den Zeitungen gelesen?« lautete die Antwort. »Sie haben einen Raubmord begangen, einen Geldbriefträger umgebracht.«

Und dann erzählte man mir, wie es sich zugetragen hatte. Zuerst hatten sie eine Unterschlagung in Deutschland begangen und hatten eine Weile in Schweden herrlich gelebt. Aber dann war das Geld verausgabt. Was nun? Da schlug der Jüngere vor, zum Konsulat zu gehen und sich zu stellen. Aber der Ältere sagte: »Dummes Zeug! Dann werden wir ausgeliefert und bekommen sicher anderthalb Jahre Gefängnis. Ich weiß dir etwas Besseres. Wir werden einen Geldbriefträger berauben, dann sind wir wieder flott.«

Gedacht, getan. Sie schrieben eine Postanweisung an ihre eigne Adresse und lockten auf diese Weise den Mann zu sich ins Haus. Aber als er da stand und ihnen die Summe auf den Tisch zählte, da – hatten sie keinen Mut und der Mann kam mit dem Leben davon.

Da wiederholten sie die Sache, und wieder kam der Mann mit dem Leben davon.

Aber als er zum dritten Mal kam, da hatten sie den Mut.

Es dauerte aber nicht lange, da wurden sie gefaßt, vor Gericht gestellt und wegen Raubmordes zum Tode verurteilt.

Diese beiden jungen Männer sollte ich besuchen. Ich bat den Prinzen Bernadotte um seine Vermittlung, und auf seine Fürsprache hin bekam ich von dem Direktor des Zuchthauses sofort die Erlaubnis, diesen Besuch zu machen. Nachdem ich am Sonntagmorgen in der schönen St. Peterskirche gepredigt hatte, ging ich in Begleitung des Prinzen zum Zuchthaus.

Als ich zu dem ersten der beiden Mörder in die Zelle gelassen wurde, die man natürlich sogleich hinter mir abschloß, fand ich einen jungen Mann von – neunzehn Jahren. Und schon ein Mörder! Wie horchte er auf, als ich ihn in der Sprache der deutschen Heimat begrüßte! Alle Verhandlungen vor Gericht waren durch Vermittlung eines Dolmetschers vor sich gegangen. Nun hörte er zum ersten Male seit Monaten wieder die vertrauten Klänge der deutschen Muttersprache.

Ich fragte ihn, woher er stamme. Da nannte er mir eine Stadt in der Provinz Sachsen, deren Pfarrer ich gut kannte. »Was? Daher stammen Sie? Kennen sie denn auch Pastor Lüdecke?« »Ja, den kenne ich gut. Der hat mich konfirmiert. Und nach der Konfirmation bin ich auch zu ihm in den Jugendverband gegangen!« »Was? Der hat Sie konfirmiert?« »Ja, er hat uns den ganzen Rat Gottes klar und deutlich verkündigt, der ist uns nichts schuldig geblieben!« »Und nun sitzen Sie hier? Wie kommt das?« »Die bösen Kameraden!« war seine Antwort. »Die haben mich verführt und verleitet und ich war schwach genug, ihnen zu folgen.«

»Wilhelm, wissen Sie, was das bedeutet, daß ich heute zu Ihnen komme? Ich bin nur zwei Tage in der Stadt und ganz unbekannt hier. Und doch habe ich die Erlaubnis bekommen, Sie zu besuchen: Das bedeutet, daß Jesus den verlorenen Sohn aus Deutschland im fernen Schweden nicht vergessen hat. Er hat auch mit Ihnen Gedanken der Liebe und des Friedens.«

Da unterbrach er mich und sagte: »Sie wissen wohl nicht, was ich getan habe?« »Ja, Wilhelm, ich weiß, daß Menschenblut an Ihrer Hand klebt. Aber ich weiß auch, daß es keine Stelle in der Bibel gibt, die Sie von der Gnade Gottes ausschließt! Aber viele gibt es, die auch Sie einschließen in die Gnade Gottes. Sehen Sie hier!« Und nun schlug ich ihm in meiner Taschenbibel eine Stelle nach der andern auf.

»Wenn eure Sünde gleich blutrot ist, so soll sie doch schneeweiß werden, und wenn sie ist wie Scharlach, soll sie wie Wolle werden.« »Das Blut Jesu Christi, des Sohnes Gottes, macht uns rein von aller Sünde.« »An Christo haben wir die Erlösung durch sein Blut, die Vergebung der Sünden, nach dem Reichtum seiner Gnade.«

So zeigte ich ihm eine Stelle nach der andern. Und da wagte er es, sein armes, verpfuschtes und verlorenes Leben dem Heiland zu übergeben. Ich sehe es noch deutlich vor mir, wie wir zusammen an seinem kleinen Schemel niederknieten und er unter Tränen sein verwirktes Leben dem Herrn Jesus anvertraute. –

Als ich mich von ihm verabschiedete, sagte er mir: »Wenn Sie nach Deutschland zurückkommen und Sie treffen meine alte Mutter, dann sagen Sie ihr: Wenn sie in der Zeitung liest, ich sei hingerichtet, soll sie nicht traurig sein: Das Blut Jesu Christi macht mich rein von aller Sünde!«

Mein Herz war voller Anbetung, als ich aus dieser Zelle herauskam, in der ich einen so wunderbaren Beweis davon erhalten hatte, daß des Menschen Sohn gekommen ist, zu suchen und selig zu machen, was verloren ist!

Ich dachte, in der anderen Zelle werde es mir ebenso ergehen. Aber da war es ganz anders. Richard war ein junger Mann von zweiundzwanzig Jahren, er war der eigentliche Anstifter zur Tat, er war der böse Geist Wilhelms gewesen.

Als ich ihn fragte, wie er denn auf die Bahn des Verbrechens gekommen sei, da antwortete er mir: »Die Bücher, die schlechten Bücher!« Ja, das sind zwei Feinde junger Menschen: schlechte Kameraden und schlechte Bücher.

Aber als ich ihm auch die frohe Botschaft von dem Heil in Christo verkündigen wollte, da blitzte ich ab: »Meinen Sie, ich wäre nicht gläubig?« sagte er. »Was? Sie sind gläubig – und haben Menschenblut an Ihrer Hand?« Das hatte ich bis dahin noch nicht gewußt, daß man dem Pharisäer noch drei Wochen vor dem Schafott begegnen kann! Alle meine Bemühungen waren umsonst. Alles prallte an dem Panzer seiner Selbstgerechtigkeit ab.

Traurig verließ ich die Zelle.

Und fröhlich empfing mich draußen auf dem Gang Prinz Bernadotte. Während ich mich bei dem ersten in der Zelle aufhielt, war er mit dem Direktor in dem Korridor auf- und abgegangen. Da war aus einer Zelle das verzweifelte Weinen einer Frauenstimme geklungen. Der Prinz bat den Direktor, ob er wohl einmal hineingehen dürfe, und der Direktor ließ ihm sofort die Zelle aufschließen.

Er fand eine verzweifelte junge Frau, wenn ich mich recht erinnere, eine Kindesmörderin. »Warum weinst du so, meine Tochter?« fragte der Prinz. »Weil Gott mich nicht hört, obwohl ich zu ihm schreie. Ich hatte ihn so um Hilfe gebeten und er hört mich nicht und hilft mir nicht.« »Aber, liebe Tochter«, antwortete der Prinz, »du redest töricht. Sieh, als du Gott um Hilfe batest, da ging ich an deiner Tür vorbei und hörte dein Schreien – und schon bin ich da. Sieh, Gott hat gehört! Gott will helfen! Und nun erzähl mir deine Not!«

Da legte die arme Frau dem Prinzen ein Bekenntnis ihrer Schuld ab – und es gab eine Stunde, über welche die Engel im Himmel sich freuen, wenn eine sündige Menschenseele Buße tut und die Vergebung annimmt.

Nun erzählte ich ihm mein Erlebnis mit den beiden jungen Männern. Und das bewegte ihn so, daß er ihnen in suchender Liebe nachging. Sie wurden zu lebenslänglicher Zuchthausstrafe begnadigt. Nun konnte der Prinz sie weiter besuchen – und es währte nicht lange, da teilte er mir mit, daß nun auch der Richard die Gnade Gottes in Christo Jesu ergriffen habe.

Eine besondere Woche

Evangelisationen verlaufen ganz verschieden. Wenn der Evangelist auch derselbe ist, so sind die Verhältnisse an den verschiedenen Orten doch sehr unterschiedlich. An dem einen Ort bleibt alles ziemlich unberührt, an einem andern entsteht eine Erweckung. So hat jede Evangelisationswoche ihre eigene Geschichte.

Eine besonders gesegnete Woche erlebte ich vor Jahren in einer Stadt des Rheinlandes. Offenbar war durch eine klare Wortverkündigung eine gute Vorarbeit getan worden. So konnte ich gleich ernten, was vor mir gesät worden war.

Vor allem wurden die Arbeiter der Fabrik, bei deren Besitzer ich in jener Woche einquartiert war, in die Erweckung hineingezogen. Dieser Fabrikant war ein gläubiger Mann, der auch unter seinen Werkmeistern und Buchhaltern gläubige Christen hatte. Das waren gute Voraussetzungen.

An einem der ersten Abende kamen ein paar Arbeiter dieser Fabrik zum Glauben. In der Morgenfrühe des folgenden Tages brauste ein gewaltiger Sturm durch ganz Westdeutschland. Er warf sich mit besonderer Wucht auch auf diese Stadt und vor allem auf die Fabrik, die vor den Toren der Stadt lag. Das Kesselhaus hielt dem ungeheuren Anprall des Sturmes nicht stand. Die großen Glasplatten des Daches wurden eingedrückt, die Wände gaben nach und begruben den Kesselwärter unter sich, der unter denen war, die am Abend vorher zum Glauben an Jesus Christus gekommen war.

Als ich von dem Unglück hörte, ging ich hin, um den Mann zu besuchen. Ich fand ihn im Bett, die dicke Familienbibel im Arm, in der er las, und fragte ihn: »Sagen Sie mal, als Sie merkten, daß die Wände nachgaben und das Dach herunterkam, hatten Sie da noch einen Gedanken?«

»Jawohl«, sagte er, »ich hatte noch einen Gedanken!«

»Und der war?«

»Gott sei Dank für gestern abend!«

Am nächsten Abend war wohl die ganze Belegschaft dieser Fabrik in der Versammlung. Alle Plätze waren besetzt. Nur vor mir stand ein leer gebliebener Stuhl. Das war der Stuhl, auf dem am Abend zuvor der Kesselwärter gesessen hatte. Es war, als würde ich gezwungen, immer den leeren Stuhl anzusehen. Endlich verstand ich Gott. Ich wies auf den leeren Stuhl hin und erzählte, daß gestern abend der Kesselwärter darauf gesessen habe, der jetzt verwundet daheim liege, am Tod vorbeigekommen. Ich erzählte von seinem Wort: »Gott sei Dank für gestern abend.« Heute sei sein Stuhl leer. »Wenn dein Stuhl einmal leer sein wird, wo bist du dann? Und wo sind deine Herzensgedanken?« Gott brauchte dieses Wort, um es zum Segen zu machen für die Arbeiter der Fabrik. Eine ganze Anzahl kam zum Glauben. Darunter war auch der Portier.

Als der nach Hause kam und es seiner gläubigen Frau sagte, meinte sie: »Dann wirst du wohl auch zum Chef gehen müssen und ihm deine Schuld bekennen.«

Da riß er das Brotmesser aus dem Tischkasten und sagte: »Noch ein Wort und ich mache dich kalt!«

Am nächsten Abend saß er in der Versammlung für Anfänger im Glauben und hörte die Ratschläge an, die in bezug auf ein neues Leben und auf die Ordnung der Vergangenheit gegeben wurden. Er stimmte in allem zu.

Am Tage darauf sagte der Chef zu ihm: »Stork, wenn morgen der Schrottfuhrmann kommt, dann achten Sie darauf, daß er richtig wiegt!«

»Wollen Sie damit sagen, daß ich Sie betrogen habe?«

»Das habe ich mit keinem Wort gesagt!«

»Ich muß mir solche versteckten Vorwürfe verbitten. Wenn Sie das nicht zurücknehmen, dann kündige ich.«

Der Chef ging seiner Wege und ließ ihn stehen. Da kam der erste Buchhalter zu ihm, faßte ihn bei den Schultern und sagte ernst und eindringlich: »Stork!« »Was wollen Sie?« schrie der auf. Und wieder nur das eine Wort: »Stork!« »Was wollen Sie von mir?« und zum dritten Male: »Stork!« da brach er zusammen. »Bitte, kommen Sie mit zum Chef, ich will ihm alles sagen!«

Und er gestand ihm, daß er sich in der Mittagspause öfter an der Portokasse vergriffen habe, daß er mit dem Schrottfuhrmann unter einer Decke gesteckt habe, um durch falsche Gewichte sich einen Vorteil zu verschaffen. Alles, alles bekannte er. Der Chef wußte schon längst, was er von ihm zu halten hatte. Nun vergab er ihm seine ganze Schuld.

Es war am letzten Tage meines Dortseins. Da besuchte mich auch der Portier. »Das war eine Woche«, sagte er, »an die werde ich mein Leben lang denken. So furchtbar war sie. Ich merkte deutlich, daß der Herr Jesus mich haben wollte, aber der Teufel ließ mich nicht los. Ich wollte – und ich konnte nicht. Ich faßte Vorsätze und hatte keine Kraft, sie auszuführen. Wie oft habe ich Sie verwünscht und gesagt: Wenn doch dieser Mensch nicht in unsere Stadt gekommen wäre! Aber nun ist der Kampf ausgekämpft und Jesus ist Sieger geblieben. Und ich bin gekommen, um Ihnen zu sagen: Ich danke Gott, daß er Sie zu uns geschickt hat!«

Da haben wir dem Herrn von Herzen gedankt, daß er dem Feind diese Beute entrissen hatte. –

Eines Abends, als ich aufgefordert hatte, wer mich noch sprechen wolle, möge noch zurückbleiben, blieben eine junge Frau und ein junger Mann zurück. Die Frau weinte. Ich bat eine Schwester, mit ihr zu sprechen. Dann ging ich zu dem jungen Mann. Er sagte mir: »Die da vorne, die so weint, das ist meine Frau. Wir liegen in Scheidung. Ich habe immer gemeint, meine Frau wäre an allem schuld; aber als ich sie heute da sitzen sah und weinen, da mußte ich mir sagen: Sie hat nicht alleine schuld. Wenn ich ein anderer Mann gewesen wäre, dann wäre sie wohl auch eine andere Frau geworden. Und – wenn sie sich heute abend bekehrt, dann muß ich es erst recht.«

Da setzte ich mich zu ihm und zeigte ihm den Weg zu dem, der Sünden vergibt und Gnade zu einem neuen Leben schenkt. Und er ging diesen Weg.

Und dann geschah etwas Wundervolles. Wir Männer kamen im Gang von hinten nach vorn – und die beiden Frauen kamen den Gang von vorn nach hinten, und ungefähr in der Mitte begegneten sich die beiden Ehegatten und fielen sich unter Tränen um den Hals und gaben sich den Kuß der Versöhnung. Das war wirklich eine gesegnete Woche.

Eine neue Aufgabe

Bis jetzt habe ich von Reiseerinnerungen bis zum Jahre 1910 berichtet. Dieses Jahr brachte einen Wendepunkt in meinem Leben und zwar dadurch, daß ich die Leitung des Erholungsheims in Blankenburg aufgab und mich ganz freistellte.

Die Zahl der Gäste nahm in erfreulicher Weise zu. Sie kamen nicht nur im Sommer, sie kamen auch im Winter. Darum wurde der in Oberweißbach auf dem Thüringer Wald vom Allianzhaus angestellte Prediger Penzold gebeten, seinen Wohnsitz nach Blankenburg zu verlegen, um im Winter in meiner Abwesenheit den Gästen zu dienen.

Aber ich merkte bald, daß es auf die Dauer nicht möglich war, die vermehrte örtliche Arbeit mit der wachsenden Evangelisationsarbeit zu vereinigen.

Zu diesem äußeren Grund kam noch ein innerer Grund. Das »Evangelische Allianzblatt« schlug damals einen ziemlich kirchenfeindlichen Ton an. Verschiedentlich hatte ich im Komitee darauf hingewiesen, daß es nicht gut sei, und die Brüder gaben mir auch stets recht. Aber der Schriftleiter des Blattes konnte nicht anders schreiben.

Infolgedessen verschlossen sich mehr und mehr die Kirchentüren meinen Evangelisationen. Man konnte Allianzhaus und Allianzblatt nicht auseinanderhalten und meinte: Modersohn ist kirchenfeindlich. So sah ich meine Evangelisationsarbeit je länger je mehr gefährdet, und zog dann zum 1. Oktober 1910 die Konsequenzen und legte die Leitung des Allianzhauses nieder. Nun konnte ich frei und ungehindert die Arbeit in Wort und Schrift tun, die Gott mir aufgetragen hatte.

Aber ehe ich diese Arbeit im Allianzhaus aufgab, hatte

Gott mir eine andere Aufgabe gegeben, die Leitung des Thüringer Gemeinschaftsbundes.

Im Jahre 1905 waren etliche Brüder und Schwestern aus Thüringen zusammengetreten, um die zerstreuten kleinen Gemeinschaftskreise zu einem Gemeinschaftsbund zusammenzuschließen. Da in Thüringen erst kleine Anfänge bestanden, beschloß man, sich als Zweig an den Hessen-Nassauischen Gemeinschaftsverein anzuschließen. Den Vorsitz führte Pfarrer Wittekindt. Aber nach einiger Zeit legte dieser wegen Überbürdung den Vorsitz nieder. Wer sollte nun die Leitung des Bundes übernehmen?

Im Mai 1906 übersiedelte ich nach Thüringen. Im November wurde ich als Gast zu der Generalversammlung des Thüringer Bundes eingeladen. Da mir die Gemeinschaftsarbeit seit meinen Siegerländer Jahren am Herzen lag, folgte ich der Einladung und nahm an der Generalversammlung in Eisenach teil. Da wurde ich zum Vorsitzenden gewählt.

So hatte ich denn nun drei große Aufgaben. Ich schrieb seit 1900 das Wochenblatt. Seit 1906 reiste ich als Evangelist und ebenfalls seit 1906 führte ich den Vorsitz im Thüringer Gemeinschaftsbund.

Damals war der Bund noch recht klein. Ich fand drei Gemeinschaftspfleger in Thüringen vor: in Thal, in Eisenach und in Meiningen. Im Laufe der Zeit kam dann ein Bruder nach dem andern dazu. Nach fünfundzwanzig Jahren standen zwanzig Prediger und zwei Hausmissionare in der Arbeit. Dazu kamen noch eine ganze Anzahl von Schwestern für die Jugend- und Frauenarbeit. Als während des Krieges ein Bruder nach dem anderen eingezogen wurde, beriefen wir Schwestern aus dem Gemeinschaftsdiakonieverband und Gott bekannte sich so sichtlich zu ihrem Dienst, daß wir, als der Krieg zu Ende ging und die Brüder wieder heimkehrten, im Brüderrat beschlossen, die Schwestern zu behalten.

Im Jahre 1930, als wir das fünfundzwanzigjährige Bestehen des Bundes festlich begingen, standen neben den zwanzig Predigern zweiunddreißig Diakonissen in der Arbeit. So war das Werk gewachsen.

Eine ganze Reihe von Gemeinschaftshäusern wurde gebaut oder gekauft – es ging wie ein Frühlingswehen durch Thüringen. Hier und dort entstanden Gemeinschaften und Jugendbünde. Es war eine wunderbare Zeit.

Aber warum denn so viele Berufsarbeiter und -arbeiterinnen? Konnte die Arbeit auf dem verhältnismäßig kleinen Gebiet nicht mit weniger Arbeitskräften geschehen?

Leider nicht. Thüringen ist kein Siegerland und kein Wuppertal. Wenn sich ein Siegerländer um halb acht Uhr bekehrt, dann hält er um acht Uhr seine erste Ansprache. Der Siegerländer ist ein geborener Redner, der sofort anfängt, Zeugnis abzulegen und andere aufzufordern, auch das Heil zu ergreifen. Dem Thüringer fällt das Reden ziemlich schwer, zumal über geistliche Erfahrung und biblische Wahrheiten. Das kommt daher, daß er in Kirche und Schule nicht den Grund gelegt bekam, wie es andernorts geschah. Als ich eine Evangelisation in einer Stadt Thüringens hielt, sagte gegen Ende ein Lehrer zu mir: »Sie haben uns eine ganz neue Religion gebracht.« Als ich ihn verwundert fragte, wie er das meine, antwortete er: »Wir glauben an den lieben Gott, Sie reden immer vom Herrn Jesus! Davon haben wir bisher nichts gehört!«

Um so nötiger war unsere Evangelisations- und Gemeinschaftsarbeit. Wie die angeführten Zahlen schon zeigen, hat sich Gott sehr freundlich zu der Arbeit in Thüringen bekannt und viele Menschen durch den Dienst der Brüder und Schwestern gerettet.

Nach Südosteuropa

Am 25. September des Jahres 1910 fand meine Arbeit am Allianzhause in Blankenburg mit einer kleinen Abschiedsfeier ihr Ende. Am andern Morgen trat ich in aller Frühe meine erste Reise als freistehender Evangelist an.

In Agram, der Hauptstadt des damaligen Kroatien, war schon gleich am Abend nach meiner Ankunft eine Versammlung angesetzt worden. Ich verkündigte das einfache, alte Evangelium von der Liebe Jesu, der um die Herzen wirbt und erregte damit einen wahren Sturm der Entrüstung. Daß ich mit solchen »mittelalterlichen« Anschauungen kam, das wurde als eine »Blamage für die Gemeinde Agram« empfunden.

Die Gegnerschaft, die in einer langen nächtlichen Wirtshaussitzung zum Ausdruck kam, hatte das Gute, daß am zweiten Abend viel mehr Leute kamen. Das Wort fand auch eine ganz andere Abnahme, denn es war vorher am Widerstand der Freidenker und Spötter abgeprallt.

Leider mußte ich am andern Tage weiter. Ich wäre gern länger geblieben, um in die Bollwerke des alten Rationalismus eine Bresche legen zu helfen. Agram ist eine große Stadt, deren Bevölkerung überwiegend römisch-katholisch und griechisch-orthodox ist. Die Zahl der Evangelischen in der Stadt und im Lande war nur gering, es gab nur einen evangelischen Pfarrer für ganz Kroatien. Da waren die Leute natürlich sich viel selbst überlassen. Seit einiger Zeit hatte aber auch in Agram die Gemeinschaftsbewegung Fuß gefaßt. Allabendlich kamen junge Männer und Soldaten zu einer Bibelbesprechstunde zusammen. Diese hoffnungsvollen Anfänge sind später gewachsen.

Von Agram ging meine Reise weiter nach Brsljanica (sprich: Brrschlanitza). Zuerst mußte ich etwa vier Stunden lang einen Personenzug benutzen, dann ging es drei Stunden auf kroatischen Landwegen bergauf und bergab, auf einem federlosen Leiterwagen.

Im Winter und Frühjahr sind diese Wege, wie man mir erzählte, einfach unpassierbar. Da kommt man weder zu Pferde noch mit einem Wagen durch. Einmal war der dort arbeitende Bruder Zmaila auswärts, als zu Hause ein Todesfall eintrat. Da blieb seiner Frau nichts andres übrig, als selber die Beerdigung vorzunehmen.

Gott hat die Arbeit von Bruder Zmaila und seiner Frau reichlich gesegnet, so daß eine größere Gemeinde im Laufe der Jahre entstanden ist, mit frischem, fröhlichem Leben. Das Bethaus, das sie gebaut haben, besteht aus Lehmwänden wie alle Häuser im Dorf, hat auch nur einen Lehmboden. Aber es fehlt ihm nicht an dem besten Schmuck, den eine Kirche oder Kapelle haben kann: eine zahlreiche und aufmerksame Zuhörerschaft.

Ich durfte es auch erleben, daß schon am zweiten Abend einige Leute zum Glauben kamen. Wie schwer die Arbeit in Kroatien ist, kann man schon daraus ersehen, daß in dem kleinen Dorf Brsljanica fünf oder sechs verschiedene Sprachen gesprochen werden: Kroatisch, Deutsch, Ungarisch, Tschechisch, Italienisch, vielleicht auch noch Ruthenisch oder Slowenisch. Zwei oder drei Sprachen muß man wenigstens sprechen, um in Kroatien arbeiten zu können.

Bruder Zmaila hat auch angefangen, für kroatische Literatur zu sorgen. Er hat die besten geistlichen Lieder ins Kroatische übersetzt, wie auch den kleinen Katechismus Martin Luthers. Eine kroatische Bibelübersetzung gab es schon länger.

Von besonderer Bedeutung ist mir der Aufenthalt in Brsljanica durch eine ganz kostbare Geschichte geworden, die sich dort zutrug, die ich aber erst später erfuhr.

In der Nähe des Dorfes wohnte eine gläubige Frau, deren Mann der Sache des Evangeliums sehr feindlich gegenüberstand. Die Frau faßte sich ein Herz und sagte ihrem Mann, da sei ein Pfarrer aus Deutschland gekommen, der in der Kapelle in Brsljanica spreche, ob er ihr nicht erlauben wolle, wenigstens an einem der Abende dort hinzugehen. Barsch und unwillig sagte er: »Meinetwegen!«

Aber sie war noch nicht lange fort, da lud der Mann vor den Augen der Kinder den Revolver und sagte: »Ich habe die Lauferei der Mutter satt. Ich werde ihr nachfolgen und sehen, was sie da treiben. Und wenn das wahr ist, was man immer sagt, daß sie in der Kapelle Schlechtigkeiten verüben, dann schieße ich die Mutter über den Haufen. Und wenn ich sehe, daß es nichts Schlechtes ist, dann mache ich meinem Leben ein Ende, denn dann gehen unsre Wege auseinander. Einer von uns beiden kommt heute abend nicht lebendig nach Hause.«

Damit ging er fort, hinter der Mutter her. Die armen Kinder! Aber eins hatten sie in der Schule der Mutter gelernt, nämlich: beten. Und so beteten sie dann ganz kindlich, aber auch ganz inbrünstig. Gott möge das Schreckliche verhüten.

An diesem Tage war außer mir noch ein junger Bruder da, ein Mitarbeiter der Südosteuropa-Mission, der eine Arbeit unter den Magyaren zu tun suchte. Der sollte an dem Abend auch eine Ansprache halten. Weil er der jüngere war, sagte ich zu ihm, er möge den Text bestimmen, über den wir gemeinsam sprechen wollten. Er solle dann erst sprechen und ich würde den Schluß machen. Er wählte dann die Geschichte von der königlichen Hochzeit, die in Matthäus 22 steht.

Im Mittelpunkt des Textes steht das Wort: »Freund, wie bist du hereingekommen?« Man kann gar nicht über diese Geschichte sprechen, ohne diese Worte kräftig zu unterstreichen. So sprach dann zuerst Bruder Poglitsch über dieses Wort und dann sprach auch ich darüber.

Da fängt der Mann an der Tür an zu zittern. Er sagt sich: »Das können die beiden Männer unmöglich wissen, daß ich hier sitze, mit dem Revolver in der Tasche und mit Mordplänen im Herzen.« Er fühlte sich in der Gegenwart Gottes, der mit ihm redete.

Nach der Versammlung steht er draußen und wartet auf seine Frau. Die ist sehr verwundert, daß ihr Mann da ist. Sie wagt nicht, ihn zu fragen, und er ist so erschüttert von dem, was er gehört und erlebt hat, daß er auch nicht sprechen kann. So gehen sie schweigend durch die dunkle Nacht nach Hause.

Als sie in der Nähe ihres Hauses angekommen sind, führt der Weg über einen Bach, über den ein Steg gelegt ist. Auf diesem Steg macht der Mann plötzlich halt und sagte: »Halt einmal!« Und dann zieht er seinen Revolver hervor und sagt zu seiner Frau: »Du, der ist geladen! Und den hatte ich heute eingesteckt, um dir oder mir das Lebenslicht auszublasen. Ich war in der Kapelle, um zu sehen, was ihr da eigentlich macht. Und – da hat Gott mit mir geredet. Da hat Gott mir gezeigt, daß er wisse, mit was für Gedanken ich hereingekommen sei. Nun weiß ich: es gibt einen heiligen Gott. – Kannst du mir vergeben, daß ich mit solchen Gedanken heute abend hinter dir hergegangen bin?«

»Ja, lieber Mann, von ganzem Herzen!« antwortete sie.

»Und willst du mir helfen, daß ich ein anderer Mensch werde, daß Gott auch mich in Gnaden annimmt?«

Da fällt sie ihm unter Tränen um den Hals und sagt: »Wie gern! Wie gern!«

Da wirft er seinen Revolver in den Bach, und dann gehen die beiden Hand in Hand zusammen nach Hause. Ein ganz neues Leben fing an.

Aber es währte nicht lange. Da bekam der Mann die Lungenentzündung und starb im vollen Frieden mit Gott.

War das ein Zufall, daß wir gerade über diese Geschichte reden mußten?

Die ungarische Hauptstadt ist eine sehr schöne Stadt. Herrlich ist der Blick über die Donau, die von gewaltigen Kettenbrücken überspannt wird, zu der Königsburg auf der Ofener Seite. Geheimnisvoll ist das Dunkel in der alten Mathiaskirche, wo ein Stück ungarischer Geschichte an uns vorbeizieht.

Ganz anders wieder ist das Parlamentsgebäude. Da tritt die Gegenwart in ihre Rechte. Ich ahnte nicht, daß ich in diesem selben Saale des Parlaments einmal das Evangelium verkündigen dürfte, wie es etliche Jahre später geschah, als ich zur Europäischen Konferenz des Jugendbund-Verbandes wieder nach Budapest gekommen war.

Es gibt wohl auch eine deutsche evangelische Gemeinde in Budapest; aber ich war von den Ungarn eingeladen, ihnen zu dienen. In Kroatien und Slawonien hatte ich zu Deutschstämmigen gesprochen. Jetzt mußte ich zu Ungarn reden, die kein Deutsch verstanden oder doch nicht soviel, daß sie einer deutschen Rede hätten folgen können. So mußte ich mich denn eines Dolmetschers bedienen, wie ich das schon früher in Schweden getan hatte.

Wenn ich auch nur wenige Tage in Budapest bei den Ungarn arbeitete, so haben sich doch freundschaftliche Beziehungen gebildet, die bis auf den heutigen Tag bestehen.

Von Budapest ging dann die Reise weiter nach Kronstadt in Siebenbürgen.

Ich fuhr siebzehn Stunden im Schnellzug, bis ich in diesem hochinteressanten Land ankam. Von Osten her kommen die Karpathen, deren Ausläufer sich bis nach Siebenbürgen hinziehen. In wuchtigen Formen ragt der Butschetsch über die niedrigen Vorberge hervor, die im Schmuck ihrer Buchenwälder einen herrlichen Anblick bieten.

Zu den Füßen der Berge dehnt sich das weite flache Burzenland aus, von silbernem Wasserlauf durchzogen, mit großen, blühenden Dörfern bedeckt, zwischen denen sich fruchtbare Felder dehnen.

Interessanter noch als die landschaftliche Schönheit der Gegend ist ihre Geschichte. Es sind siebenhundert Jahre, seit vom Rhein her, aus der Gegend von Koblenz und Köln, deutsche Einwanderer nach dem fernen Ungarn zogen, gerufen von dem Ungarn-König Gesa II., um dort eine Grenzwacht zu bilden gegen die räuberischen Völker jenseits der Berge.

Es war ein schwerer Stand, den diese deutschen Einwanderer hatten, die man heute die Siebenbürger Sachsen nennt, obwohl sie ihrer Stammeszugehörigkeit nach eigentlich Moselfranken sind. Sie haben in den sieben Jahrhunderten zäh an ihrem Deutschtum festgehalten, stets verbunden mit christlichem Glauben.

Schwere Zeiten sind über die treuen Grenzwächter dahingegangen im Lauf der Jahrhunderte. Bald brachen die Tataren ein und zogen brennend, mordend, plündernd durch das friedliche Land. Bald waren es die Türken oder die Walachen. Nie haben sie lange ihrer Kulturarbeit obliegen können. Immer wieder wurden sie durch Kriegs- und Beutezüge unterbrochen und gestört. Aber mit deutscher Zähigkeit bauten sie immer wieder ihre zerstörten Heimstätten auf und fingen aufs neue wieder an, ihr verwüstetes Land zu bebauen.

Das Interessanteste, was ich in Siebenbürgen sah, sind die Kirchenburgen.

Die Not der Zeit brachte die Siebenbürger Bauern dazu, Burgen anzulegen, um sich gegen feindliche Überfälle verteidigen zu können. So sind zwei Arten von Burgen entstanden, die man andernorts nicht antrifft, weil die Verhältnisse anders waren. Die Dörfer, welche in der Nähe von Bergen lagen, errichteten auf der Höhe des Berges eine feste Burg, damit sich in Kriegszeiten die Bewohner dorthin zurückziehen konnten. Und die Dörfer in der Ebene befestigten ihre Kirche, die im Mittelpunkt des Dorfes lag, und machten eine richtige Festung aus ihr, die noch heute vorhandenen Kirchenburgen.

Was war es doch für ein tapferes Volk, das sich diese Burgen baute, um sich gegen die Feinde zu wehren! In der Ebene ringsumher wütete der Feind, da loderten die Flammen, da sanken die Häuser in Trümmer. Aber hier in der Burg war Sicherheit. Hier war man geborgen.

An die Arbeit, die ich in Kronstadt tun durfte, denke ich mit großer Freude zurück. Pastor Scherg hatte mich eingeladen, der Vater der Gemeinschaftsbewegung in Siebenbürgen. Er hat später, nachdem er auf der Hensoltshöhe bei Gunzenhausen in Bayern den Segen einer Pfarrerfreizeit kennengelernt hatte, selber solche Treffen von Pfarrern in seinem Land veranstaltet. Dadurch ist Segen in die Landeskirche Siebenbürgens gekommen, in der nun eine Anzahl gläubiger Pfarrer das Evangelium in Beweisung des Geistes und der Kraft verkündigen.

Damals stand er noch allein als Gemeinschaftspastor in seiner Kirche, die im großen und ganzen im alten Rationalismus steckte. Trotzdem hatte das Presbyterium erlaubt, daß ich eine Evangelisation in der Obervorstädter Kirche hielt.

Es kamen Leute aus allen Kreisen, weil eine solche Evangelisation noch etwas ganz Neues in Kronstadt war. Nur einmal hatte Jakob Koch eine solche dort gehalten. Und nun war mein Dienst der zweite, der in dieser Art geschah. Es war auch eine ganze Anzahl von Leuten, die in den Nachversammlungen zurückblieben und Glaubens-Entscheidungen trafen. Ich schied von Kronstadt damals mit dem Gebetswunsch: Möchte der Herr in Siebenbürgen bald eine gnädige Erweckung schenken! Gott sei Dank: Er hat's getan! Es besteht jetzt eine Evangelische Gesellschaft für Rumänien in Siebenbürgen und es werden auch schon Gemeinschaftskonferenzen dort gehalten. Namentlich in Bessarabien herrscht reges geistliches Leben.

Das Wort Gottes wirkt!

Es ist mir nicht möglich, einen genaueren Bericht über meine vielen Evangelisationsreisen zu geben. Aber eins möchte ich doch an einigen Beispielen deutlich machen; daß das Wort Gottes wirkt. Es wirkt noch heute Wunder, Wunder der Errettung, Wunder der Reinigung.

Es war in Hamburg. Ich hatte den Abendvortrag gehalten und gesagt, wenn mich noch jemand sprechen wolle, so sei ich dazu bereit. Ein junger Mann machte von dieser Aufforderung Gebrauch. Er ließ mich Blicke in sein Leben tun, die erschütternd waren. Er sagte, er habe die Lust am Leben verloren. Er habe vor, an dem Abend noch einen Menschen niederzuschlagen, dann würde er gefaßt und dann mache man ihm »die Rübe« herunter. Damit deutete er auf seinen Kopf. Um seinen Worten noch mehr Nachdruck zu verleihen, zog er einen sogenannten »Totschläger« heraus, mit dem er seine rechte Hand umpanzerte. Dieser Totschläger besteht aus vier zusammenhängenden Eisenringen, durch die man die Finger stecken kann. Wenn man mit einer so bewehrten Hand einen Schlag versetzt, hat der eine mörderische Gewalt.

Ich tat, als ob ich mich für dieses Mordwerkzeug interessierte und sagte: »Erlauben Sie mal!« Er gab mir das Ding, ich steckte meine Finger hindurch und sagte: »Das ist ja ein gefährliches Ding!« »Jawohl, das ist es!« bestätigte er. Dann steckte ich das Ding in die Tasche. »Hallo«, sagte er. »Das gibt's nicht! Geben Sie her!« Ich sagte ihm: »Bei mir ist das Ding besser aufgehoben als bei Ihnen. Ich tue keinem Menschen etwas damit!« Er nahm drohende Haltung an. Aber ich sah ihm in die Augen und sagte: »Nun, was wollen Sie denn? Sie wagen es ja doch nicht, mich anzugreifen.« Er wagte es auch nicht.

Hatte ich durch meine Handlungsweise sein Vertrauen gewonnen – ich weiß es nicht. Jedenfalls zeigte er mir nun ein Notizbuch mit vielen Stempelabdrücken aus Aden, Singapur und aus aller Welt. »Hiernach haben wir immer die Pässe gefälscht«, sagte er zur Erklärung. Er hatte nichts dagegen, daß ich sein Notizbuch ebenso in die Tasche steckte wie seinen Totschläger.

Er bekannte nun, daß er das Leben leid sei. Ich sagte ihm, daß Jesus allein seine Schuld vergeben und ihm die Kraft zu einem neuen Leben geben könne. Aber davon wollte er noch nichts wissen. Das einzige, was er mir versprach an diesem Abend, war dies, daß er wiederkommen wolle, um auch die weiteren Vorträge zu hören.

Er kam auch wieder, und wir beteten viel für ihn.

An einem Abend sprach ich nach dem Vortrag noch mit einzelnen Menschen, da hörte ich aus der Gegend, wo ich diesen jungen Mann hatte sitzen sehen, einen Krach. Als ich aufblickte, sah ich, daß sich der Pastor der Kirche, in der die Vorträge stattfanden, um ihn bemühte. Er hatte mit ihm gesprochen, und da war der junge Mensch erschüttert zusammengebrochen und lag nun auf den Knien und schrie zu Gott um Gnade. Es war ein verzweifeltes Ringen. Der alte böse Feind wollte seine Beute so leicht nicht hergeben. Der Kampf währte noch, als ich die Leute, mit denen ich gerade sprach, entlassen hatte und mich nun zu diesem Mann wandte. Es war ein Ringen im Gebet, bis endlich der Sieg kam. Aber er kam. Der Feind mußte seine Beute loslassen.

Aus dem Löwen wurde ein Lamm. Nun erst trug er seinen Namen mit Recht. Denn seine Eltern hatten ihn »Gottlieb« genannt. So erwies das Wort Gottes seine alte Kraft.

Gott sei Dank, das habe ich nicht nur in diesem Fall erfahren. Das habe ich oft erleben dürfen.

Eines Tages legte in Stuttgart ein Unbekannter einen Briefumschlag auf das Rednerpult. Als ich den aufmachte, fand ich darin einen – Tausendmarkschein, mit den drei Worten auf einem Zettel: »Für hinterzogene Steuern.« Ich habe dann den Schein der Steuerbehörde übergeben und mir eine Quittung darüber ausstellen lassen. Die befindet sich nun heute noch in meinem »Museum«.

In besonderer Weise erlebte ich die Macht des Wortes in einer Stadt in Bayern. Es pflegt in der Regel bei einer Evangelisation so zu sein, daß man zuerst ziemlich schwer redet.

Man kennt die Hörer noch nicht und die Hörer kennen den Redner noch nicht. Aber das wird dann von Tag zu Tag besser.

An diesem Ort war es umgekehrt. Der Dienst am Wort war schwer und wurde immer schwerer. Die Brücke des Vertrauens zwischen Redner und Hörern kam nicht zustande.

Sonst pflegt es so zu gehen, daß der Besuch im Anfang der Woche vielleicht gering ist, daß er aber von einem Tage zum andern wächst, weil einer den andern einlädt und mitbringt. Hier war es umgekehrt; der Besuch wurde von Tag zu Tag geringer. Ich konnte ausrechnen, wann überhaupt niemand mehr da sein würde. Ich überlegte schon, ob ich nicht abbrechen und eher abreisen sollte.

So etwas war mir noch gar nicht vorgekommen. An einem Nachmittag sagte ich zu der Versammlung: »Hier ist etwas nicht in Ordnung. Das Reden wird immer schwerer, der Besuch immer geringer. Hier muß ein Bann vorhanden sein, der den Segen hindert und aufhält.« Und dann sprach ich die ganze Stunde von diesem »heimlichen Bann«. Ich erinnerte sie an Achan, der sich bei der Eroberung von Jericho etwas von der Beute aneignete, was Gott verboten hatte. Dann schickte Josua eine kleine Abteilung, um das Städtchen Ai zu erobern. Aber die ganze Abteilung kam in wilder Flucht ins Lager zurück. Josua lag betend vor Gott. Aber Gott sagte ihm: Steh auf, dein Beten ist umsonst! Es ist ein Bann auf dem Volk. Und es kann vor seinen Feinden nicht stehen, wenn der Bann nicht beseitigt wird! Da wird ein Landtag gehalten und Achan wird als der Schuldige ermittelt. Er wird hingerichtet – und der Bann ist beseitigt.

Ich hatte es getroffen. Gleich nach der Stunde blieben etliche sitzen, die mir etwas sagen wollten. Es waren schwere Versündigungen, die sie mir bekannten. Auf allerlei Weise hatten sie unrechtes Gut an sich gebracht.

Ich bekam Arbeit. Ich setzte mich mit den verschiedenen Behörden und Gesellschaften in Verbindung, die geschädigt waren, und erstattete im Auftrag der Betreffenden das veruntreute Geld zurück. Und mit einem Mal bot die Versammlung ein ganz anderes Bild. Nun war das Reden leicht. Und die Leute kamen, von Tag zu Tag mehr. So mußten wir eine Wand herausnehmen, um den Saal zu vergrößern. Und endlich mußte ich mich entschließen, noch länger dazubleiben, weil Gott eine Erweckung schenkte, in der viele zum Glauben kamen.

Wie oft habe ich das erlebt, daß so ein Bann auf einem Leben oder auf einer ganzen Gemeinschaft lag, daß aber das Wort Gottes den Bann aufdeckte und auch Kraft gab, ihn zu beseitigen.

Ich hatte den alten Evangelisten Schrenk in früheren Jahren in seinen Evangelisationsvorträgen oft von Sünden der Zauberei reden hören. Davon wußte ich gar nichts. Darum dachte ich: Wie kann der nur so oft von Zaubereisünden sprechen? So etwas gibt es doch gar nicht mehr in unserer Zeit! Aber dann erlebte ich es, daß Menschen in meine Sprechstunde kamen und mir bekannten, daß sie in der Kindheit oder später besprochen worden seien und daß sie nun von Lästergedanken gequält wurden! Wenn sie beten oder die Bibel lesen wollten, dann stiege plötzlich ein lästernder Gedanke über den Heiland in ihnen auf oder über den Heiligen Geist. Sie wollten solche Gedanken nicht denken, sie kämen ganz ungewollt. Und nun sage ihnen eine Stimme: »Du hast die Sünde wider den Heiligen Geist begangen. Du hast den Heiligen Geist gelästert, nun gibt es für dich keine Rettung mehr! Nun bist du ewig verloren! Nun mach nur deinem Leben ein Ende!« Es sei furchtbar, wie stark diese Selbstmordgedanken würden. Sie könnten sich ihrer nur mit Mühe erwehren.

Und andere kamen, die klagten, sie seien zu Kartenlegerinnen und Wahrsagerinnen gegangen und seitdem könnten sie nicht mehr froh werden. Oder sie sprachen von spiritistischen Sitzungen, denen sie beigewohnt hatten, von Tisch- und Gläserrücken, woran sie sich beteiligt hatten, von Horoskopen, die sie sich hatten stellen lassen. Und immer wieder war die Folge ein Bann, der auf dem Leben lastete, daß man seines Lebens nicht froh werden konnte.

Je öfter ich solche Bekenntnisse hörte, um so mehr fühlte ich mich innerlich genötigt, in meinen Vorträgen von diesem dunklen Gebiet zu sprechen. Und immer größer wurde die Zahl derer, die Aussprache und Hilfe begehrten.

So habe ich denn endlich auf Grund von viel mündlicher und schriftlicher Seelsorge mich genötigt gesehen, ein Buch über meine Beobachtungen und Erfahrungen zu schreiben: »Im Banne des Teufels.« Eine Auflage ist der andern gefolgt. In verschiedene Sprachen ist das Buch übersetzt worden, ein Zeichen, wie sehr verbreitet diese Sünden der Zauberei in aller Welt sind.

So bekam ich auch »Himmelsbriefe« ausgeliefert, gedruckte und geschriebene. Die Menschen, die solche besaßen, glaubten, dadurch allem Unglück entronnen zu sein. Sie hatten es ja schriftlich, daß der Besitz dieses Briefes sie vor allem Schaden an Leib und Leben, im Haus und auch im Stall bewahre. Aber sie hatten sehen müssen, daß der Brief nichts nützte. Nun hatten sie das Vertrauen dazu verloren. Nun wollten sie lieber auf den lebendigen Gott vertrauen. Da wollten sie ihre »Himmelsbriefe« los sein.

Gott sei Dank für einen jeden, der von seinen Hemmungen und Bindungen frei geworden ist, der das Wort Gottes erfahren hat als eine Kraft Gottes, selig zu machen alle, die daran glauben!

Natürlich bekam ich auch Zuschriften von solchen, die das Wort wohl gehört hatten, aber sich seiner Wirkung widersetzten. Da kam eine Karte aus Bayern mit der biederen Anrede: »Du Ochs, du saudummer!« Ein andrer Anonymus schickte mir ein Stückchen von einem Heftpflaster und schrieb dazu: »Dieses Pflaster kannst du dir aufs Maul kleben, darum, daß du alle alten Weiber verrückt machst.«

Solche »Orden« sind ein Beweis von der Wahrheit jenes Wortes, daß das Wort dem einen ein Geruch des Lebens zum Leben, dem andern ein Geruch des Todes zum Tode ist.

Der Krieg

Am 28. Juni, als in Sarajewo der furchtbare Mord geschah, als der Erzherzog-Thronfolger von Österreich mit seiner

Gemahlin den Schüssen eines Meuchelmörders zum Opfer fiel, war ich zu einer Bibelwoche im Diakonissenhaus Hensoltshöhe bei Gunzenhausen in Bayern. Wie ein Blitzstrahl fuhr diese Nachricht in unsern um die Bibel versammelten Kreis. Was wird daraus werden? Ist das der Krieg?

Ein paar Tage schien es, als ob sich die Gewitterwolken nicht entladen würden. so wagten wir es, die geplante Ferienreise nach Henkenhagen bei Kolberg anzutreten.

Doch immer bedrohlicher wurden die Nachrichten. Und wir waren so weit von zu Hause entfernt! Da hielten wir einen Familienrat ab und beschlossen, auf die noch übrigen Ferientage zu verzichten und abzureisen. So kam es, daß wir glücklich nach Berlin und nach Blankenburg gelangten. Auch all unser Gepäck kam mit. Und – es war der letzte Tag und die letzte Möglichkeit gewesen, zu reisen.

Noch höre ich im Ohr die Rufe der Zeitungsverkäuferin am Potsdamer Platz in Berlin: »Letzte Abendausgabe: Europa vor der Entscheidung.« Und die Entscheidung fiel. Der Kriegszustand wurde erklärt. Die Mobilmachung folgte. Dann kamen die Kriegserklärungen in schneller Folge.

Und dann kamen die ersten Siegesnachrichten. Aber es kamen auch die ersten Verlustlisten. Die Kirchen waren überfüllt.

Es währte nicht lange, da kam der Befehl, daß auch die alten und nicht gedienten Leute zur Musterung mußten. In jungen Jahren hatte ich nicht gedient. Da war ich zur Ersatzreserve geschrieben worden, weil ich nicht die körperlichen Bedingungen erfüllte. Aber das war nun anders. Ich wurde als kriegsverwendungsfähig erklärt.

Sollte ich warten, bis ich eingezogen wurde? Ich meldete mich als Feldprediger und wurde für ein Rekrutendepot in Belgien angefordert von einem mir bekannten Generalleutnant. Ich sollte sechs- bis siebentausend Rekruten seelsorgerlich betreuen. Wie brannte mein Herz, diese Aufgabe zu erfüllen!

Aber auf die Anforderung des Etappenkommandeurs, der mich gern haben wollte, kam die Antwort, es sei für diese Stelle kein Geld da. So blieb ich daheim.

Nach einiger Zeit wurde der Generalleutnant nach Serbien versetzt. Da wurde eine Feldpredigerstelle frei. Er forderte mich wieder an. Eines Tages kam nicht einer, um sich zu melden, sondern gleich zwei Feldprediger. Ich aber war nicht angefordert worden.

Nun, ins Feld konnte ich nicht, aber untätig wollte und konnte ich auch nicht sein. Ich schrieb Verteilblätter für die da draußen an der Front und für die in der Heimat.

So folgte eine Schrift der andern. Und zu Zehntausenden gingen sie hinaus ins Feld – oder sie wurden in der Heimat verbreitet, je nach ihrem Inhalt. Ein wunderbarer Eifer setzte ein, christliche Schriften zu verbreiten. Und Briefe kamen von der Front: »Schickt uns mehr! Wir haben Hunger nach Gottes Wort!«

Nun begnügte ich mich nicht mehr damit, nur kurze vierseitige Blätter zu schreiben, ich schrieb kleine Andachtsbüchlein, immer für einen Monat bestimmt, die man bequem in die Tasche stecken konnte. Kurze Andachten über Psalmworte, über Heilandsworte, Prophetenworte. Sie konnten fast nicht so schnell geschrieben, gedruckt und versandt werden, wie sie gefordert wurden. Und Gott sei Dank: Der Herr erwies sich auch hier als ein Hörer des Gebets. Noch heute begegne ich da und dort einem alten Kriegsteilnehmer, der mir für Schriften dankt, die ihm damals geschickt wurden und die ihm einen Segen vermittelten.

Die Druckerei »Harfe«

Bis zum Schluß des Jahres 1918 wurde das Blatt »Heilig dem Herrn« in Gelsenkirchen gedruckt. Aber nun war das Kohlenrevier von den Franzosen besetzt, und das ergab allerlei Unzuträglichkeiten für Druck und Versand der Zeitschrift. Da gab Gott den Mitgliedern des Brüderrates des Thüringer Gemeinschaftsbundes den Gedanken ins Herz, eine eigene Druckerei zu gründen. Die sollten dann auch dazu dienen, mit ihren Reinerträgen das Gemeinschaftswerk in Thüringen zu unterstützen.

Ich erklärte mich bereit, meine Schriften »Heilig dem

Herrn« und »Der Weg zum Glück« in dieser neuen Druckerei herstellen zu lassen. Der Buchhalter und Prokurist Karl Reum aus Salzungen, der in einem Zeitungsverlag angestellt war, wollte die Leitung übernehmen. Die Brüderratsmitglieder waren bereit, ein Gründungskapital zur Verfügung zu stellen. So ging es nach dem Wort: »Es kam alles.«

Freilich kam auch manches andere. Es kamen dringende Warnungen, doch ja nicht ein solches Unternehmen zu beginnen. Es war ja die Zeit der Inflation. Wie sollte es da gelingen? Aber wir waren gewiß, daß uns der Herr den Gedanken eingegeben, daß er uns den rechten Mann für die Leitung und die erforderlichen Mittel dargereicht habe, so gingen wir unsern Weg vorwärts.

An Schwierigkeiten fehlte es freilich nicht. Im November 1919 trat eine Bahnsperre ein, so daß wir die gekauften Maschinen nicht bekommen konnten, dann herrschte Wagenmangel auf der Bahn, so daß die letzten Maschinen nicht verladen werden konnten. Die Nöte und Schwierigkeiten des Wirtschaftslebens machten sich eben damals überall bemerkbar. Aber zum 1. Januar 1920 konnte der Betrieb doch eröffnet werden. Allerdings erschien die Nummer 1 verspätet und die folgende Nummer mußte als Doppelnummer erscheinen; aber von da an ging die Sache ihren geregelten Gang.

Da wir den Betrieb in einer früheren Gastwirtschaft anfingen, die wir gemietet hatten, die »Zur Harfe« hieß, so bekam die Druckerei den Namen »Harfe«. Wir dachten dabei an die Worte des Liedes: »Halleluja! Gott zu loben bleibe meines Herzens Freud; ewig sei mein Gott erhoben, meine Harfe Ihm geweiht!«

Und in ganz wunderbarer Weise hat der Herr über dieser ihm geweihten Harfe seine Gnadenhand gehalten.

Nach kurzer Zeit erwies sich der Raum als zu klein. Schon war ein Platz für einen Neubau in Aussicht genommen, da bot sich die Gelegenheit, den Gasthof »Zum Anker« zu übernehmen. Die früheren Schankräume wurden Setzerei und Buchbinderei, der ehemalige Wirtschaftsgarten wurde überbaut und diente als Maschinensaal. Nun glaubten wir, »ausgesorgt« zu haben.

Aber die Sorgen kamen und stiegen. Die Inflation brachte immer neue Schwierigkeiten. Wie sollte man Papier beschaffen und bezahlen? Das war jedesmal eine große Summe – und das Papiergeld, das wir hatten, verlor ja von einem Tage zum andern mehr an Wert! Glücklicherweise hatten wir durch unsere Auslandsbeziehungen Dollars und Franken und Pesos und Dinare und Pengö und Kronen und Gulden usw. Damit reiste Karl Reum dann nach Berlin, um Papier zu kaufen. Unbegreiflicherweise verweigerte eine Firma die Annahme dieser ausländischen Banknoten, sie wollte nur das – doch völlig entwertete – deutsche Geld haben. Aber bei einer andern Firma konnte er dann doch den Kauf abschließen.

Aber nun gab es neue Not. Der Preissteigerung aller Waren und Lebensmittel entsprechend stiegen auch die Arbeitslöhne dauernd. Bald waren wir nicht mehr imstande, diese Löhne auszahlen zu können. Was tun? Sollten wir den Betrieb einstellen und die Leute entlassen, die dann brotlos wurden? In ernster Beratung saßen wir zusammen, Bruder Reum und ich. Da gab mir Gott den Gedanken ein, die ganze Belegschaft zusammenzurufen. Ich sagte ihnen, wie jetzt die Löhne festgesetzt seien und daß diese Löhne nach meiner Überzeugung auch keineswegs zu hoch seien angesichts der allgemeinen Teuerung. Aber wir seien nicht in der Lage, diese Löhne zahlen zu können. Dann würden wir den Betrieb schließen müssen und dann wären sie alle brotlos. Diese ernste Frage wollte ich ganz offen mit ihnen besprechen. Bei den hohen Löhnen gebe es nur einen Weg: den Betrieb einzustellen.

Totenstille folgte. Jeder sah in eine dunkle Zukunft. Dann meldete sich der Faktor zum Wort. Er sagte, es gäbe wohl noch einen andern Weg. Ich fragte, was das für ein anderer Weg sei. Er antwortete: »Wenn wir uns bereiterklärten, für den halben Lohn zu arbeiten!« Da wurden mir die Augen naß und ich erklärte: »Ja, wenn Sie das wollen, dann arbeiten wir weiter! Besser trocken Brot als gar kein Brot!«

Alle waren einverstanden. Eine Stimme brachte uns aus unsrer Rührung wieder in die nüchterne Wirklichkeit zurück. Sie fragte: »Aber nicht wahr, das dauert doch nicht länger, als es nötig ist?« »Nein, keinen Tag länger«, sagte ich. Und dann gingen wir mit Lob und Dank wieder an die Arbeit. Diese Opferwilligkeit segnete Gott. Es dauerte gar nicht lange, und wir konnten wieder die Löhne voll auszahlen.

Und »Heilig dem Herrn« konnte jede Woche erscheinen. Das war damals keine Selbstverständlichkeit. Wie oft blieben andere christliche Blätter aus, weil sie kein Papier bekommen hatten oder weil es an Geldmitteln fehlte! Dann erschien mal eine Nummer mit der Bemerkung: »Diese Nummer verdanken wir der Hilfe unserer dänischen Freunde.« Dann wieder hieß es: »Diese Nummer verdanken wir unsern schweizerischen Freunden.« Und unsere Zeitschrift konnte regelmäßig erscheinen. Das ist mir immer ein Wunder gewesen. Zwar war der Umfang verringert, der gelbe Umschlag kam in Fortfall, das Papier war wie Löschpapier – aber die Leser hielten dem Blatt trotzdem die Treue, ja, die Auflage stieg von Jahr zu Jahr, von Monat zu Monat, obwohl es doch einen märchenhaften Preis kostete und immer wieder Nachzahlungen verlangt werden mußten. So hat uns Gott durch die Jahre der Not freundlich hindurchgebracht.

Bald war das Geschäftshaus zu klein geworden. Nun wurde in der Nähe des Bahnhofs ein Platz gekauft und ein großer Neubau aufgeführt, der den wachsenden Bedürfnissen des Werkes entsprach.

Und der eigentliche Zweck, zu dem die Druckerei gegründet war, kam auch zu seinem Recht. Die Erträge kamen dem Thüringer Gemeinschaftsbunde zugute. Woher hätten wir sonst das Geld nehmen sollen, um Zuschüsse zu den Gehältern unserer Prediger und unserer Schwestern zu zahlen, Gemeinschaftshäuser zu kaufen oder zu bauen?

Bei der Gründung der Druckerei hatten die fünf Männer der eine Gedanke beseelt, ganz uneigennützig zu handeln, nichts für sich zu gewinnen, sondern den ganzen Reinertrag dem Reich Gottes zukommen zu lassen. Auch der Geschäftsführer Reum bekam lediglich sein Gehalt, aber keinen Anteil am Gewinn, der ganz und gar dem Thüringer Bund zufloß.

Manche glaubten das nicht, daß diese fünf Männer, die die Gesellschaft gebildet hatten, wirklich uneigennützig handelten; sie glaubten giftigem Gerede. Modersohn und Reum seien »Geldjuden«, die sich persönlich bereicherten. In einer Thüringer Gemeinschaft war dieses verleumderische Gerede besonders stark. Da setzten sich die leitenden Brüder kurz entschlossen in den Zug und baten, Einblick in die Bücher und in die Satzungen der Gesellschaft tun zu dürfen. Dann stellten sie uns das Zeugnis aus, daß wir doch »eine weiße Weste« hätten. Allmählich verstummte das Gerede, als man sah, welche Beträge Jahr für Jahr in die Bundeskasse flossen. So konnten wir nun ungestört unser Werk tun.

Und Gott gab Gnade dazu. Zu dem Druck unserer beiden Blätter kam dann noch das Allianzblatt hinzu und das Blatt des Weißen Kreuzes. Und immer mehr entwickelte sich der Verlag. Viele kleine und große Schriften und Bücher gingen von Blankenburg aus in die Welt.

Von Anfang an suchte Bruder Reum in dem Betrieb wahrhaft sozial zu wirken. Er schuf in dem neuen Gebäude besondere Frühstücksräume für die Männer und für die Mädchen, einen besonderen Festsaal, in dem wir manchen schönen »Harfenabend« zusammen verlebten. Auch die reichen Obsternten des Gartens kamen den »Harfenisten«, wie man sie in Blankenburg nannte, zu. Ferner schuf er eine Unterstützungskasse für besondere Nöte oder Zeiten der Freude in den Familien. Es war immer sein Bestreben, für das Wohl aller im Betrieb in wahrhaft väterlicher Weise zu sorgen, so daß die Harfe-Belegschaft auch über Bruder Reums Tod hinaus eine »Familie« blieb.

In alle Welt

Als der Krieg vorüber war, kamen auch wieder Rufe und Einladungen aus dem Ausland, daß ich mit dem Wort dienen möchte. Die erste Reise ging nach Polen. Dort sollte ich auf dem Jahresfest des Posaunenbundes die Festpredigt halten.

Ich hatte mir das polnische Visum besorgt, das mir die Einreise nach Polen gestattete. So kam ich mit meiner Frau, die mich begleitete, weil eine unserer Töchter in Polen war, nach Schneidemühl, wo damals die Grenze war. Ich gab dem Beamten meinen Paß hin. Er drückte den Stempel hinein: »Ausgereist am . . .«, dann fing er an, in dem Paß zu blättern. Ich sagte ihm: »Das polnische Visum steht ja hier!« »Das sehe ich wohl!« sagte er. »Aber wo ist das deutsche?« »Das deutsche? Ein deutsches Visum habe ich nicht! Davon hat mir niemand etwas gesagt.« »Ja, die Polen lassen Sie wohl hinein, aber wir lassen Sie nicht heraus. Sie müssen eine Erlaubnis haben, das Reich verlassen zu dürfen!« »Aber ich soll übermorgen in Vandsburg –« »Was Sie in Polen sollen, ist mir ganz gleichgültig. Ihr Paß ist nicht in Ordnung. Damit kommen Sie nicht über die Grenze!« »Ja, was soll ich denn machen?« »Bringen Sie Ihren Paß in Ordnung und kommen Sie wieder!«

Da standen wir und sahen, wie die Leute in den Zug einstiegen, der nach Nakel und Bromberg fuhr, und wir blieben zurück.

Diesen Augenblick vergesse ich in meinem Leben nicht.

Ich brachte den Paß in Ordnung und reiste nach Polen, aber mit achttägiger Verspätung. Und für das Posaunenfest war kein anderer Festredner aufzutreiben gewesen. Die vielen Menschen, die gekommen waren, mußten unverrichteter Sache wieder umkehren.

Eine kleine Szene auf dem Bahnhof in Schaffhausen, wo ich eine Evangelisation gehalten hatte, ist mir auch unvergeßlich. Der Gepäckträger war öfter in meinen Vorträgen gewesen. Nun begrüßte er mich und sagte, er bekomme öfter auch deutsches Geld für seine Arbeit. Damit könne er nun nichts machen. Ob ich es wohl nehmen wolle. Und er gab mir – ich denke, es waren viertausendfünfhundert Mark, natürlich in Papier. Da dachte ich: Was sind wir Deutsche doch für arme Leute, daß uns ein Gepäckträger beschenken kann!

Ähnlich ging es in Dänemark in jener Zeit. Ich wollte

dem Hausmädchen in Tondern gern etwas für ihre Mühe geben. Da sagte der Pfarrer: »Was wollen Sie ihr denn geben? Ich denke, nach deutschem Geld etwa zwei Mark. Das ist aber in dänischer Währung der Bruchteil eines Pfennigs. Das geht nicht. Oder wollen Sie ihr auf dänisch etwas geben? Das wäre ja ein Vermögen für Sie! Das können Sie ja gar nicht.«

Auch nach Holland wurde ich in der Inflationszeit eingeladen. In Rotterdam war ich, in Dordrecht, in Goes und in Den Haag.

Was für ein Aufatmen ging durch das Volk, als die Rentenmark eingeführt wurde, als man wieder mit normalen Zahlen rechnen konnte! Kurz vorher hatte ich eine Einladung zur Allianzkonferenz in Heilbronn. Aber die Reise kostete fünf Billionen Mark! Ich besaß aber nur etwa drei Billionen. Darum schrieb ich hin, ob man mir nicht das Reisegeld vorher schicken könne. Ich dachte, die Kollekten würden ja diesen gezahlten Vorschuß ergeben. Aber man glaubte im Komitee, einen solchen Vorschuß nicht geben zu können. So mußte ich auf die Reise verzichten. Ich hatte Billionen im Vermögen und konnte nicht eine Reise dritter Klasse von Thüringen nach Württemberg bezahlen!

Ja, es war eine böse Zeit!

Im Gemeinschafts-Diakonieverband

Ich kann meine Lebenserinnerungen nicht schließen, ohne mit einem Wort herzlichen Dankes des Gemeinschafts-Diakonieverbandes zu gedenken, zu dessen Vorstand ich seit vielen Jahren gehöre.

Mein Freund und Amtsbruder Girkon, mit dem ich in Mülheim zusammen gearbeitet hatte, war einer von den Brüdern gewesen, die anläßlich einer Gemeinschaftskonferenz in Danzig zusammensaßen und beratschlagten, was für die jungen Mädchen geschehen könne, die aus christlichen Kreisen stammten und in ein Schwesternhaus eintreten wollten. Sie beschlossen, im Glauben den Schritt zu tun und ein Gemeinschafts-Schwesternhaus zu gründen.

In Borken in Ostpreußen wurde das Samenkorn in den Boden des Pfarrhauses von Pfarrer Blazejewski gelegt, der als der Hausvater der jungen Schwesternschaft ausersehen war. Aber nach kurzer Zeit nahm Gott ihn hinweg, mitten aus gesegnetem Wirken. Dann wurde Pfarrer Krawielitzki in Vandsburg in Westpreußen mit der Aufgabe betraut, das Pflänzlein zu hegen und zu pflegen.

Da er mit meinem Freund Girkon bekannt und verbunden war, wurde auch ich von Anfang an mit seiner Aufgabe bekannt, die sich unter dem Segen Gottes rasch entwikkelte. Das Haus wuchs, die Schwesternschaft nahm zu, so daß daran gedacht werden mußte, eine Zweigniederlassung im Westen Deutschlands zu gründen.

Eines Tages kam Pfarrer Krawielitzki zu mir nach Mülheim und fragte mich, ob ich nicht Hausvater des in Marburg zu gründenden Schwesternhauses werden wolle. Ich hatte aber keine Freudigkeit, diesem Ruf Folge zu leisten. So zog denn Krawielitzki selber nach Marburg und bediente nun die beiden so weit auseinandergelegenen Schwesternhäuser.

Es dauerte nicht lange, da kam ein drittes Haus hinzu. Der alte Direktor Mehl, der in Gunzenhausen in Bayern das Erholungsheim Hensoltshöhe gegründet hatte, übereignete das dortige Werk an Krawielitzki mit dem Wunsch, dort ein Schwesternhaus ins Leben zu rufen.

Aus der wachsenden Gemeinschaftsarbeit ergab sich die Notwendigkeit, auch ein Brüderhaus zu gründen, damit die dort ausgebildeten Brüder den Dienst in den Gemeinschaften übernehmen könnten, die durch den Pionierdienst der Schwestern entstanden.

Es war ein wunderbares Wachstum. Kein Wunder, daß der Feind dafür sorgte, daß das Werk durch allerlei böse Gerüchte zu gehen hatte. Aber in allen Stürmen, in aller Not hielt Gott seine Hand über allem.

Auch dann, als nach dem unglücklichen Krieg Vandsburg zu Polen kam. Wie bangte man darum, ob nicht die Polen diesen großen Besitz liquidieren und in ein Kloster umwandeln würden. Aber nichts derart geschah. Das Haus konnte ungehindert seine Arbeit tun, ja, es konnte unter der polnischen Herrschaft sogar noch ein ganzer Flügel angebaut werden. Sichtbar ruhte Gottes Segen auf dem Werk.

Aber das Haus in Vandsburg war nun doch das eigentliche Stamm-Mutterhaus, zu dem viele deutsche Schwestern gehörten. Für die mußte nun in Deutschland eine neue Heimat geschaffen werden. Wo sollte dieses neue Mutterhaus entstehen? Das war die vielerörterte und im Gebet immer wieder dem Herrn dargebrachte Frage. War es Schlachtensee bei Berlin? Da entstand wohl ein Schwesternhaus – aber für ein Mutterhaus war der Raum zu klein. War es Rathen an der Elbe? Dort übereignete Fräulein von Koschenbahr ihr Haus »Felsengrund« dem Diakonieverband, der es in den Dienst des Reiches Gottes stellte. Aber zum Mutterhaus eignete es sich auch nicht. Da endlich wurde das Erholungsheim Waldhaus bei Elbingerode am Harz angeboten und erworben. Wundervoll unter hohen Tannen gelegen, boten die verschiedenen Häuser den Schwestern ein willkommenes Heim.

Aber was lebt, wächst. So entstand dort nach einiger Zeit ein großer, stattlicher Neubau, ein Meisterwerk moderner Baukunst, der die anwachsende Schwesternschaft aufnahm.

In der Schweiz entstand eine Niederlassung, erst in Mannenbach am Bodensee, dann in der Kuranstalt Ländli am Ägerisee, die von Frau Minna Popken übernommen wurde. Auch diesem Haus wurde das Röcklein bald zu enge, so daß ein stattlicher Anbau dem andern folgte.

Ebenso in Holland, in England und in den Vereinigten Staaten von Nordamerika entstanden Zweigniederlassungen, sogar im Fernen Osten, in China.

Der Leiter des Werkes erkannte bald, daß zu einer solchen Aufgabe auch eine Missionsarbeit gehöre. So fing denn eine Mission an, die im Anschluß an die China-Inland-Mission betrieben wurde, zuerst als ein Zweig der Liebenzeller-Mission, dann als selbständige Arbeit der Yünnan-Mission. Auch in Brasilien wirken Mitarbeiter des Diakonieverbands, um den dortigen Deutschen mit Evangelisationen und Gemeinschaftspflege zu dienen.

Als Mitglied des Vorstandes habe ich das wunderbare Wachsen des Werkes von Anfang an miterlebt und mich dankbar darüber gefreut. Oft durfte ich auf den Jahresfesten und Jubiläen der Häuser als Festredner dienen, so, als das Gesamtwerk sein 25jähriges Jubiläum feierte, als Marburg und Gunzenhausen ihr Jubiläum begingen.

Was für ein stattlicher Baum ist aus dem kleinen Pflänzlein geworden, das einst im Pfarrhaus zu Borken aufsproßte! Wie habe ich immer wieder das Wort bestätigt gefunden, das der erste Hausvater, Pfarrer Blazejewski, als Losung hatte: »Der Herr hat noch mehr.«

So steht das Werk des Gemeinschafts-Diakonieverbandes da als ein Denkmal der Gnade Gottes, der auch heute noch Wunder über Wunder zu tun vermag. Und es wird mir lebenslang ein Grund zu dankbarer Freude sein, daß ich dieses geradezu einzigartige Wachstum aus nächster Nähe mit ansehen und miterleben durfte.

Wie viele Anregungen habe ich dem Werk, seinem Gründer und seinen Mitarbeitern zu verdanken! Auf der Hensoltshöhe bei Gunzenhausen haben wir einst die erste Pfarrer-Freizeit miteinander gehalten, Krawielitzki, sein damaliger Mitarbeiter Thimme und ich. Wie viele Pfarrer-Freizeiten und Tagungen sind darauf gefolgt und was für Ströme von Segen sind davon ausgegangen!

Auch in Kärnten entstanden solche Pfarrer-Freizeiten in Treffen bei Villach, wo ich mit Pastor Thimme zusammen dienen durfte.

Von besonderer Bedeutung wurden die beiden Häuser für Schwermütige, Haus »Lebenswende« bei Neustadt im Südharz und Haus »Hohe Mark« bei Oberursel im Taunus. Immer wieder fand ich auf meinen Reisen Leute, die unter schweren Depressionen litten. Ein Gebet half wohl – aber nicht für die Dauer. Da erkannte ich: Solche Leute müssen eine Gebetskur durchmachen. Sie müssen in einem Haus Aufnahme finden, dessen tragende Säulen Gottes Wort und Gebet sind. Wiederholt trug ich dieses Bedürfnis meinem Freund Krawielitzki vor. In »Heilig dem Herrn« erließ ich einen Aufruf zu Spenden, der ein sehr erfreuliches Echo fand. So konnte ich bald eine größere Summe zur

Verfügung stellen, die dann eine willkommene Hilfe zum Erwerb von Haus Lebenswende war.

Aber es zeigte sich, daß man noch eine zweite Anstalt benötigte. Haus Lebenswende war ein sogenanntes »offenes« Haus. Man brauchte aber auch ein Haus mit einer »geschlossenen« Abteilung für schwerere Fälle. So kam zu dem ersten Heim die Kuranstalt »Hohe Mark« hinzu, die über drei Abteilungen verfügt, eine offene, eine halboffene und eine geschlossene.

Wie viele Gäste haben schon in diesen Häusern Aufnahme und Hilfe gefunden! Ein beredtes Zeugnis davon gab das zehnjährige Jubiläum von Haus Lebenswende, dem ich beiwohnen durfte. Da legten etliche frühere Gäste ein Zeugnis ab, daß sie in diesem Haus eine wirkliche Lebenswende gefunden und erlebt hatten.

So ist der Segen, der von dem Gemeinschafts-Diakonieverband ausgegangen ist, mannigfaltig und weitreichend gewesen. Viele, viele Menschen haben durch den Dienst dieses Verbandes das Heil in Christo gefunden. Gott wolle auch weiterhin seine Gnadenhand über das Werk gebreitet halten, es segnen und zum Segen setzen für viele!

Im Pfarrer-Gebetsbund

Auch dieser Vereinigung muß ich ein Wort dankbarer Erinnerung widmen.

Wir waren noch nicht lange in Blankenburg, als ich eines Tages mit meiner Frau einen Spaziergang durch das Promenadenwäldchen an der Schwarza machte. Da kamen wir darauf zu sprechen, daß doch allerlei Berufsstände sich zusammengeschlossen hätten zur Pflege und Förderung des inneren Lebens. Es gebe eine Vereinigung gläubiger Kaufleute, gläubiger Offiziere, gläubiger Landwirte usw., nur eine Vereinigung gläubiger Pfarrer gebe es nicht. Und die hätten es doch besonders nötig. Ich wußte ja aus eigner Erfahrung, wieviel Nöte und Schwierigkeiten ein gläubiger Pfarrer durchzumachen hat mit seinem Presbyterium oder Gemeindekirchenrat, oft auch mit seinem Superintendenten und dem Konsistorium.

Der Gedanke ließ mich nicht mehr los. So eine Vereinigung müsse ins Leben gerufen werden, das wurde mir klar. Ich erkannte es als eine Aufgabe von Gott.

Als ich bald darauf bei Gelegenheit eines Bibelkursus' im Evangelischen Allianzhause, dessen Leiter ich damals war, mit zwei Pastorenbrüdern zusammenkam, besprach ich den Plan mit ihnen und sie gingen sogleich darauf ein. Wir erkannten, daß solch ein Bund eine doppelte Aufgabe habe: einmal das innere Leben der gläubigen Amtsbrüder zu pflegen und zu fördern, ihnen zur Seite zu stehen in den mancherlei Schwierigkeiten in der Gemeinde und ihrer Behörde gegenüber. Und zum andern, sie zu ermutigen, an ihren noch unbekehrten Amtsbrüdern Mission zu treiben, daß sie auch Zeugen erfahrener und erlebter Gnade würden.

So begeistert aber die beiden Brüder meinen Gedanken zugestimmt hatten, wirklich zur Gründung des Bundes kam es doch noch nicht. Darüber verging noch einige Zeit. Aber als ich einmal mit Pastor Michaelis und Pastor Wittekindt zusammen war und wieder meine Gedanken aussprach, da waren die rechten Männer gefunden.

Zwar – anfänglich wurde ich hin und her ausgelacht. »Sollen wir uns so zusammenschließen wie die gläubigen Friseure und die gläubigen Kellner?« fragte man mich lachend. »Jawohl«, antwortete ich, »geradeso.« Und dann fragte ich, ob ein gläubiger Pfarrer es nicht geradeso schwer habe in seiner Umgebung wie ein frommer Kellner. Und ob ein auf einsamem Posten stehender gläubiger Pfarrer nicht die Stärkung ebenso dringend brauche wie ein gläubiger Friseur. Da verstummten die Lacher allmählich.

Im Jahre 1913 kamen wir zu einer Gründungsversammlung in Halle an der Saale zusammen. Jahr um Jahr sind die Reichstagungen des Pfarrergebetsbundes darauf gefolgt. In Eisenach und Hannover, in Gunzenhausen und Schlachtensee, in Marburg und Oeynhausen, in Teichwolframsdorf und in Dassel, auf dem Schönblick und in Zoppot, in Woltersdorf und in Herrnhut, in Salzuflen und in Königsfeld im Schwarzwald, in Bethel bei Bielefeld und in Neuhäuser an der Ostsee. Was für gesegnete Zusammenkünfte waren es, namentlich durch den Dienst von Pfarrer Alfred Christlieb, dem man den Vorsitz des Bundes angetragen hatte. Er hielt an jedem Tag die Morgenandacht, mit besonderer Vorliebe aus dem Alten Testament oder aus der Apostelgeschichte. Er verstand es als ein rechter Schriftgelehrter, kostbares Gold aus dem Schacht des Wortes herauszuholen. In großer Einfachheit und Schlichtheit bot er dann seine Schätze in »drei Päckchen« den Hörern dar. Diese Morgenandachten bildeten immer einen Höhepunkt der Tagungen. Aber auch in den Vorträgen und in den Besprechungen wurde Wertvolles geboten, so daß diese Reichstagungen für viele den Höhepunkt des Jahres bildeten.

Wieviele Pfarrer verdanken dem Pfarrergebetsbund, seinen Tagungen und Rüstzeiten den Anfang eines neuen Lebens oder eine ganz neue Auffassung des Dienstes. Ich denke daran, wie ein bayerischer Pfarrer auf einer der ersten Freizeiten, die wir hatten, die Worte sprach: »Das wenn i bälder gewußt hätt'!«

Auf einer der ersten Tagungen wurde der Wunsch geäußert, doch auch die Pfarrfrauen mitbringen zu dürfen. Im Jahre 1916 kamen zum ersten Male auch etliche Pfarrfrauen mit. Diese schlossen sich dann zum »Pfarrfrauen-Schwesternbund« zusammen, der unter Leitung von Frau Clara Heitefuß eine reichgesegnete Arbeit an deutschen Pfarrfrauen entfaltete.

Im »Dritten Reich«

Als Adolf Hitler im Jahre 1933 die Regierung übernahm, da schien es zunächst so, als ob ein »positives Christentum« gefördert werden sollte, wie es auch im Parteiprogramm zu lesen war.

»Propaganda«-Abteilungen marschierten geschlossen in die Kirche. Viele, die früher abseits der Kirche gestanden hatten, holten die damals vergessene Konfirmation nach.

Man sprach davon, daß wir wieder eine Kirche im Volk haben müßten, nicht neben dem Volk wie in der letzten Zeit. Ich selbst wurde aufgefordert, bei den verschiedensten Gelegenheiten zu sprechen.

Aber es fiel doch bald der Reif. Die Sportpalastrede in Berlin zeigte, daß mit den »Deutschen Christen« kein Zusammengehen möglich war, daß das »positive Christentum« doch ganz anders aufgefaßt wurde. Immer mehr wurde deutlich, daß die neue Weltanschauung, die so stark betont wurde, für Gott und den Heiland keinen Platz hatte, daß da nur die Gedanken Nietzsches verwirklicht wurden. Die eigne Kraft wurde betont, die mußte alles schaffen. Mit der meinte man das Schicksal meistern zu können.

Die Blätter, die ich schrieb, wurden unter Zensur gestellt. Das brachte uns oft rechte Not. Manchmal war die Nummer schon ganz gesetzt und gedruckt, wenn die Zensurbestimmung kam, daß dies und das geändert werden müsse. In einem Bericht über die Blankenburger Konferenz war geschrieben, daß unter andern Rednern auch Major Rosenow gesprochen hatte. Da wurde das Wort »Major« beanstandet. Die Öffentlichkeit durfte nicht erfahren, daß auch ein Major das Evangelium verkündigt habe. Wir mußten es in »Bruder« umändern. So folgte eine Schwierigkeit der andern.

Dann aber kam eine Not, die mich lange schwer bedrückte. Der Reichsinnenminister verbot alle Sammlungen, die keine besondere Genehmigung der Regierung erhalten hatten. Nur Parteistellen durften Sammlungen veranstalten. Von jeher aber stand über der Stelle in »Heilig dem Herrn«, wo für Liebesgaben gedankt wurde, die für allerlei Zwecke des Reiches Gottes gekommen waren, der Bibelspruch: »Wohlzutun und mitzuteilen vergesset nicht, denn solche Opfer gefallen Gott wohl.« Dieses Wort war stereotypiert worden, so daß ich es beim Korrekturlesen gar nicht mehr beachtete. Plötzlich fiel dieses Wort jemand auf und er zeigte mich deswegen bei der Geheimen Staatspolizei an, daß ich verbotenerweise Geldsammlungen veranstalte. Ich bekam einen Strafbefehl über 150 Mark und die Auflage, alle eingegangenen Gelder, die seit dem Erlaß des Sammelverbotes eingegangen seien, zurückzuzahlen. Aber diese Gelder waren längst an die verschiedenen Missionshäuser gegangen und die hatten sie an ihre Missionare gegeben, oder sie waren an Kinderheimaten weitergesandt und die hatten längst Brot für die Kinder angeschafft oder Kohlen und Kartoffeln. Jedenfalls waren die Gelder längst alle verbraucht. Wie sollte ich sie zurückgeben können? Ich machte einen Überschlag und stellte fest, daß mindestens 30 000 Mark seit dem Erlaß des Sammelverbotes durch meine Hände gegangen waren. Wie sollte ich eine solche Summe zurückzahlen können? Meine Frau meinte, wir sollten unser Haus verkaufen. Aber das hätte bei weitem diese Summe nicht eingebracht. Da war die Not groß. Ich machte eine längere Eingabe und teilte mit, wozu die Gelder gegeben und verbraucht worden seien. Aber diese Eingabe wurde nicht beachtet. Ich bekam eine Vorladung, als Angeklagter an einem Tag im Oktober vor Gericht zu erscheinen.

Da bat ich bei guten Freunden in den Werken, die auf diesem Wege Spenden erhalten hatten, um Fürbitte. Hier konnte Gott allein einen Ausweg schaffen. Ich sah keinen. Auch der Rechtsanwalt, an den ich mich wandte und dem ich meine Vertretung vor Gericht übertrug, sah keinen. Er sagte mir: »Ich kann höchstens dafür sprechen, daß Ihnen die Absicht der Gesetzesübertretung ferngelegen hat. Aber die Gesetzesübertretung kann nicht geleugnet werden.«

So kam der Tag immer näher, an dem ich zum erstenmal in meinem Leben auf der Anklagebank erscheinen sollte. Da kam zwei Tage vorher ein telefonischer Anruf des Rechtsanwalts. Ich war gerade nicht zu Hause. Darum ließ er nur bestellen, ich möchte ihn doch am andern Morgen einmal besuchen. O weh, dachte ich, er wird mir wahrscheinlich eröffnen, daß er meine Vertretung ganz ablehnt, weil er die Sache für aussichtslos hält. So fuhr ich denn am andern Morgen mit schwerem Herzen nach Rudolstadt.

Hier eröffnete mir der Rechtsanwalt etwa folgendes: »Sie werden wohl nichts dagegen haben, daß wir beschlossen haben, Ihre Sache niederzuschlagen.« »Niederzuschlagen?« wiederholte ich, in der Meinung, nicht recht gehört und verstanden zu haben. »Ja, niedergeschlagen!« wiederholte er. »Sie verstehen das Wort doch?« »Gewiß, das Wort verstehe ich«, antwortete ich. »Ich kann mir nur nicht vorstellen, woher mit einem Mal diese Wende gekommen ist.« »Nun, das ist ganz einfach«, sagte er. »Wir saßen neulich zusammen: der Staatsanwalt, der Amtsrichter und ich und kamen auch auf Ihre Sache zu sprechen. Da kam uns ein Paragraph in den Sinn, in dem es heißt: Wenn ein Vergehen geringfügiger Art ist und der Staat keinen Schaden dadurch gehabt hat, dann kann die Sache niedergeschlagen werden. Und wenn sie niedergeschlagen ist, dann kann sie auch nicht wieder hervorgezogen werden. Das haben wir nun mit Ihrer Sache getan. Die Angelegenheit ist am Ende!« »Dann brauche ich morgen nicht auf der Anklagebank sitzen?« »Nein, nein, die Sache ist niedergeschlagen und beendet!« Ich wußte nicht, wie mir wurde. Drei Monate lang hatte diese schwere Wolke über mir gehangen, nun war sie unerwartet beseitigt.

Dann sagte der Rechtsanwalt: »Es würde sich höchstens noch darum handeln, daß Sie, um anzuerkennen, daß Sie doch unvorsichtig gehandelt haben, als Sie diesen Spruch abdruckten, vielleicht einen gewissen Betrag spenden würden.« »Darf ich Ihnen gleich eine Summe dalassen?« »Sehr gern.« Ich legte ihm einen Betrag hin und er gab mir eine Quittung darüber. Dann verabschiedete ich mich dankbaren Herzens von ihm. Und dann tat ich etwas, was ich sonst für Verschwendung gehalten hätte. Anstatt anderthalb Stunden zu warten, bis der nächste Zug fuhr, mit dem ich hätte für 40 Pfennige nach Blankenburg fahren können, nahm ich ein Auto und fuhr für 4 Mark nach Hause, um meiner Familie schneller zu sagen, daß die Sache erledigt sei. Dann gingen wir miteinander auf die Knie und dankten dem Herrn aus einem überströmenden Herzen, der uns so wunderbar aus dieser großen Not errettet hatte.

Später kam noch eine viel größere Not über mich und die Meinen. Aber ehe ich davon spreche, möchte ich noch etwas Schönes berichten, nämlich die Feier des 70. Geburtstages.

Der 70. Geburtstag

Wenn man dem 70. Geburtstag entgegengeht, dann tut man einen Rückblick auf das Leben, das man gelebt hat und das sich nun dem Ende zuneigt. So habe ich auch in der Zeit vor diesem Tag eine Rückschau auf die 70 Jahre getan und mich in demütigem Dank vor dem Herrn gebeugt, der mich so wunderbar und auf rechter Straße geführt hat.

Ich mußte daran denken, daß ich in meinen jungen Jahren kein Verkündiger des Evangeliums werden wollte, sondern mich lieber als Archivar und Bibliothekar in alten Folianten vergraben. Da versperrte mir Gott den Weg und berief mich ohne, ja, gegen meinen Willen zu einem Verkündiger seines Wortes. Widerwillig bin ich seinem Ruf gefolgt – und nun mußte ich mir sagen: Wie reich ist mein Leben dadurch geworden, daß der himmlische Vater mich seinen Weg geführt hat! Wie ganz anders wäre mein Leben verlaufen, wenn er mich meinen eignen Weg hätte gehen lassen.

Besonderen Dank aber schulde ich ihm für das, was er mich im Kreise meiner Familie erleben ließ. Alle meine Kinder wandeln in den Wegen Gottes. Das ist keine Selbstverständlichkeit, auch nicht in christlichen Familien. Das ist Gnade, nur Gnade. Wie viele Eltern klagen über einen ungeratenen Sohn oder eine verirrte Tochter, und ich darf mit tiefem Dank bekennen, daß meine Kinder auch alle gläubige Ehegatten gewählt haben. Auch den letzten Wunsch erfüllte der treue Herr, daß wir unsre jüngste Tochter einem treuen, gläubigen Mann anvertrauen durften.

Alfred, unser zweiter Sohn, wohnt ganz in unserer Nähe. Unsere Gärten stoßen aneinander. So können wir uns an dem Glück seiner Ehe und an seinen Kindern erfreuen. Seine Frau ist uns eine liebe Tochter, mit der wir in herzlicher Liebe verbunden sind. Gott hat es so gefügt, daß er in die Druckerei »Harfe« eingetreten ist, deren Geschäftsführer er ist. Ebenso wie in der Druckerei ist er auch im Thüringer Gemeinschaftsbund mein Mitarbeiter, da man ihn zum Kassierer des Bundes gewählt und in den Brüderrat gewählt hat. So ist er mir in allerlei Fragen ein guter Berater, wofür ich Gott danke.

So habe ich viel Ursache, Gott zu danken, wenn ich auf meine Kinder und ihre Familien blicke. Und ganz besonders auch dafür, daß ich fast vier Jahrzehnte mit meiner Frau habe zusammen durchs Leben wandern dürfen. Und in der ganzen Zeit hat Gott uns davor bewahrt, daß Zank den Frieden und das Glück unserer Ehe getrübt hat. Das ist nicht unser Verdienst, das ist allein Gottes Gnade und Barmherzigkeit.

In der letzten Zeit hat Gott meine Frau durch Tiefen geführt. Sie erkrankte am grauen Star. Die Operation des am meisten erkrankten Auges brachte leider nicht die erhoffte Hilfe. So kann sie nicht mehr in der Nähe sehen, weder lesen noch schreiben, noch Handarbeiten machen, was für sie ein rechtes Entbehren bedeutet. Aber das Leiden hat uns um so mehr zusammengeschlossen. War sie früher meine Hilfe und Stütze, so darf ich es nun sein.

Im finstern Tal

Es war, als ob der gesegnete Verlauf des 70. Geburtstages den Teufel gereizt hätte, in besonderer Weise gegen mich mobil zu machen. Ich mochte in meinem Blatt schreiben, was ich wollte und mußte, immer wieder wurde ich der Gegenstand häßlicher Angriffe. Einmal schrieb ich im Briefkasten von »Heilig dem Herrn« über den Bann finsterer Mächte, unter den man gerät, wenn man sich mit Zaubereisünden einläßt, und wie man davon frei werden kann. Da stand ich alsbald im »Textilarbeiter« am Pranger mit dem höhnenden Artikel: »Modersohn treibt Teufel aus.« In einem Artikel im »Weg zum Glück« war von einem Juden die Rede, der durch das Lesen des Neuen Testaments zum Glauben an Jesus gekommen war. Da war ich ein »Landesverräter«, vor dem öffentlich gewarnt wurde. So ging es immer weiter.

Ich habe mich nicht sonderlich darüber erregt. Der Herr Jesus hat ja gesagt: »Der Jünger ist nicht über seinen Meister. Hat die Welt mich gehaßt, so wird sie euch auch hassen.« Wie oft hatte ich gepredigt, daß zur Nachfolge Jesu das Leiden um seinetwillen notwendig mit dazu gehöre. Nun konnte ich mich doch nicht darüber verwundern, daß ich etwas von der Schmach Christi zu spüren bekam. Ich habe ruhig weiter gearbeitet und an verschiedensten Orten Evangelisationen, Bibelkurse sowie Freizeiten gehalten, und der Herr hat sich in Gnaden dazu bekannt. Mit besonderer Freude denke ich noch an die Allianzkonferenz in der Georgenkirche am Alexanderplatz in Berlin, die im September 1940 stattfand. Was waren das für große und gesegnete Versammlungen, die wir in nächster Nähe der Geheimen Staatspolizei abhielten! Wir mußten schließlich noch einen zusätzlichen Abend einlegen, der erst nicht geplant war, so groß war der Zustrom von Hörern.

Als ich von einer Arbeit in Kaiserslautern heimkam, hatte meine Frau Besuch gehabt von ein paar Herren der Geheimen Staatspolizei, die sie nach dem Gebetsbund und der dazugehörigen Korrespondenz gefragt hatten. Unter den Lesern von »Heilig dem Herrn« bestand ein Gebetsbund, der in gemeinsamer Fürbitte leibliche und seelische Nöte der anderen vor Gott brachte. In einem kleinen Blättchen wurden diese Fürbittegesuche alle 14 Tage den Mitgliedern mitgeteilt. Von diesen Fürbitteblättern war eins aufgegriffen und an die Geheime Staatspolizei eingeschickt worden. Darauf erfolgte nun diese Untersuchung. Man wollte die Briefe, in denen um Fürbitte gebeten wurde, beschlagnahmen und mitnehmen. Meine Frau erklärte aber, daß diese Briefe nicht mehr vorhanden seien; wenn ein Brief erledigt sei, wenn daraus das Fürbittegesuch herausgeschrieben sei, dann würde der Brief als erledigt vernichtet. Darauf bestellten die Herren, ich möchte am Mittwoch – jetzt war es Montag – nach Weimar kommen, um die Angelegenheit zu besprechen.

Ganz getrost und zuversichtlich fuhr ich hin, in dem Bewußtsein, gar nichts Verbotenes getan zu haben. Aber ich mußte schnell umdenken, als ich vor dem Sachbearbeiter und dem Kriminalkommisar stand! Der Gebetsbund wurde sofort verboten und aufgelöst, auch verboten, ihn in getarnter Weise wiederaufleben zu lassen. Zugleich wurde mir eröffnet, wenn ich nicht so alt wäre, würde man mich an »einen andern Ort« bringen. Als ich mich einmal nur ein wenig gegen den Tisch lehnte, wurde ich angeherrscht: »Stehen Sie gerade, Sie stehen vor der Polizei!«

Das Verhör wurde dann am Nachmittag fortgesetzt. Zum Schluß wurde mir gesagt, ich müsse am Freitag noch einmal wiederkommen, der Herr Regierungsrat wolle mich selber sehen und sprechen.

Nach dieser Probe waren wir auf alles gefaßt, darum fuhren meine Frau und meine Schwiegertochter mit, um mich bis an die Tür zu bringen und auf meine Rückkehr zu warten. Als wir uns verabschiedeten, wollte ich ihr meine Aktenmappe übergeben, sie meinte aber, ich könne sie vielleicht einmal nötig haben. Wie recht sie damit hatte, sollte ich später erfahren. Wir trennten uns mit den Worten: »Auf Wiedersehen hier oder vor dem Thron Gottes!«

Dann ging ich hinein und wurde aufgefordert, eine Treppe hoch zu warten. Es kam ein Herr nach dem andern an mir vorbei. Alle verschwanden durch ein und dieselbe Tür. Endlich wurde ich hereingerufen. Da standen all diese Herren ringsum an der Wand, um einen Herrn in großer Uniform, der an einem Schreibtisch saß. Der fragte mich dann spöttisch: »Nun sagen Sie uns mal, Herr Pfarrer, wie denken Sie sich das mit Ihren Fürbitten? Da soll sich also der große Gott um solch einen Mist bekümmern, wie Sie ihn da vorsetzen!« Ich erwiderte, daß der Herr Jesus gesagt habe, daß kein Sperling vom Dach falle ohne den Willen Gottes, daß auch die Haare auf unserm Haupt alle gezählt seien. Das beweise, daß Gott sich auch um unsere Kleinigkeiten kümmere. Darum dürfe man ihm auch alle Kleinigkeiten bringen und gerade dadurch beweise Gott seine Größe, daß er sich auch um das Kleinste und Geringste kümmere. – Dann wurde ich gefragt, was das mit dem Bann finstrer Mächte sei, von dem so oft in den Fürbittegesuchen die Rede sei. Ich antwortete, daß viele Menschen sich in Krankheitsfällen an Leute wendeten, die dafür »tun« könnten, wie man im Volk sage. Sie ließen sich dann besprechen. Die Folge sei dann ein solcher Bann, daß man sich mit Lästergedanken trage, mit Schwermutsanwandlungen und Selbstmordgedanken. Dasselbe sei der Fall, wenn man zu Kartenlegerinnen und Wahrsagern gegangen sei, wie ich aus langer seelsorgerlicher Erfahrung wüßte.

Nun unterbrach mich der Regierungsrat: »Also nun will ich Ihnen sagen, was Sie sind. Entweder Sie sind ein Betrüger, der das selber nicht glaubt, was er andern sagt, und dann muß man unser Volk vor Ihnen schützen. Darum werde ich beim Staatsanwalt Anzeige wegen Betruges gegen Sie erstatten. Oder, wenn Sie glauben, was Sie sagen, dann sind Sie verrückt und gehören in ein Irrenhaus. Ich werde dann das Weitere veranlassen. Außerdem werde ich dafür sorgen, daß Sie aus der Reichskulturkammer ausgestoßen werden. Ihre Lebensarbeit ist getan. – Führen Sie ihn ab!«

Wie betäubt schritt ich hinter dem Mann her, der als mein Sachbearbeiter schon am Mittwoch mich verhört hatte. Draußen bat ich ihn, meiner Frau noch Bescheid zu sagen, sie würde alle Viertelstunde vor der Tür sein. Das versprach er mir zu tun. Dann wurde ich in eine Zelle geführt, in der sich schon fünf Häftlinge befanden. Mein Neues Testament wurde mir abgenommen, meine Uhr, mein Geld, mein Messer, auch alles, womit ich mir hätte ein Leid antun können.

Da saß ich in der Zelle, in der drei Pritschen standen, die nun aber für sechs Mann reichen mußten. Einer meiner neuen Kameraden fragte mich, wer und was ich sei, und unterrichtete mich, wie ich mich nun zu benehmen hätte. Da die Mittagsstunde für die Häftlinge schon vorbei war, mußte ich hungrig warten, bis es Abendbrot gab: einen Topf schwarzen Kaffee und ein paar Schnitten Brot, die mit dünnem Aufstrich versehen waren.

Die Nacht lag ich schlaflos. Nicht nur, weil die Pritsche so hart war, daß mir die Knochen weh taten – weil ich der Älteste war in der Zelle, bekam und behielt ich das Vorrecht, eine Pritsche für mich allein zu benutzen – sondern weil mich ein Gedanke quälte. Stand etwas zwischen Gott und mir, daß er mich in diese Lage kommen ließ? Denn das war mir ja klar, daß nicht Gott mich ins Gefängnis gebracht hatte um dieser beiden Anschuldigungen willen, daß ich an einen lebendigen Gott glaube, der Gebete erhört, und daß ich davon überzeugt bin, daß es eine Macht des Bösen gebe. Gott antwortete mir nicht gleich. So hatte ich Zeit, in dieser Nacht mein Leben gründlich zu überprüfen und all meinen Dienst daraufhin anzusehen, ob darin Gott etwas mißfallen haben könne. Am Morgen kam Gottes Antwort. Sie lautete klar und deutlich, so als ob jemand sie mir persönlich erteilte: »Selig seid ihr, so euch die Menschen um meinetwillen schmähen und verfolgen und reden allerlei Übles wider euch, so sie daran lügen! Seid fröhlich und getrost, es wird euch im Himmel wohl belohnt werden!« Da kehrte ein tiefer Friede in meiner Seele ein, und er hat mich auch nicht mehr verlassen, so schwer es oft war, was ich erlebte.

Am Morgen wurde ich zum Verhör gerufen, und da spielte meine beschlagnahmte Aktentasche eine große Rolle. Während ich verreist war, waren ein paar lange Briefe gekommen, die zu lesen ich noch nicht Zeit gefunden hatte. Um sie unterwegs zu lesen, hatte ich sie in der Mappe mitgenommen. Da war nun ein Brief dabei von einem mir unbekannten Manne, der offenbar nicht ganz normal war. »Und mit solchen Leuten korrespondieren Sie!« Der Brief war nicht nur gelesen, er war auch abgeschrieben und lag bei meinen Akten. Ebenso ein anderer Brief, der ein langes Sündenbekenntnis enthielt, das auch nicht für die Augen dieser Leute bestimmt war. Nun wurde mir daraus ein Strick gedreht. Aber doch sollte ich bald erkennen, daß es göttliche Fügung war, daß die Aktenmappe mit ins Gefängnis kam. Man hatte mir mein Neues Testament, das ich immer bei mir trug, fortgenommen. Das entbehrte ich nun sehr. Bei einem Verhör wurde ich nun nach allerlei Vorgängen im Thüringer Bund gefragt, wieviele Gemeinschaftshäuser wir hätten usw. Da sagte ich: »In meiner Mappe habe ich mein Notizbuch, wenn Sie mir das geben, dann kann ich Ihre Fragen besser beantworten.« So bekam ich mein Notizbuch. Und – in diesem Notizbuch standen die Losungen der Brüdergemeine für jeden Tag abgedruckt.

Als das Verhör vorbei war, steckte ich das Buch in die Tasche und nahm es mit in die Zelle. Wie froh war ich darüber!

Die Losungen dienten mir nun auch zu einer guten Ausfüllung meiner Zeit, die ja aus lauter müßigen Stunden bestand. Ich nahm sie als Predigttexte und überlegte mir, was man darüber wohl sagen könne, ebenso auch die Lehrtexte. Und dann schrieb ich Thema und Teile der Predigt ins Notizbuch ein. So habe ich die Zeit gut ausgekauft und mich am Wort Gottes erquickt.

Die Verhöre dauerten fast jeden Tag eine Stunde oder mehr. Alles wurde sorglich aufgeschrieben. Der Sachbearbeiter, der die religiösen Belange bearbeitete, war ein früheres Mitglied des Christlichen Vereins junger Männer in Stuttgart. Auf seinem Schreibtisch standen eine Bibel, eine Konkordanz und ein Gesangbuch, die bildeten sein Handwerkszeug, damit er nachsehen konnte, wenn etwa jemand in einem Brief eine Bibelstelle zitierte. Er sagte einmal, seine Kinder sollen nicht mit der Spannung aufwachsen, die über seinem Leben läge, darum hielte er ihnen alles Religiöse fern. Was für ein Bekenntnis! Von Jugend auf wußte er, daß Gott sich um ihn bemühte, aber er wollte diesen Einfluß mit Gewalt von sich abschütteln.

Ähnlich war es mit dem Kommissar. Der war früher Mitglied des Bibelkreises unter den Schülern höherer Lehranstalten. Da hatte er mich einmal gehört, als ich in Schneidemühl war. »Daher weiß ich, was für ein Einfluß von Ihnen ausgeht!« sagte er. »Doch kein schlechter!« antwortete ich. »Das meinen Sie! Sie verdummen das Volk! Man muß es vor Ihnen schützen!«

Deshalb befand ich mich ja nun in »Schutzhaft«, damit das deutsche Volk vor mir geschützt würde.

Arme Menschen! Wie groß wird einmal ihre Verantwortung sein, wenn sie vor Gott im Gericht zu erscheinen haben! Sie haben es gewußt, was es ist um das Heil in Christo und haben es bewußt abgewiesen und verhöhnen nun den Herrn und seine Mitarbeiter!

Als ich von meiner Frau auf meine Bitte einen andern Anzug und eine warme Decke geschickt bekam, weil ich in den Nächten unter den dünnen Decken so sehr fror, da wurde mir nur mitgeteilt, daß ein Paket für mich angekommen sei. Aber der Inhalt wurde mir nicht ausgehändigt, so daß ich noch weiter frieren mußte. Und als man mir endlich den Anzug und die Reisedecke gab, hieß es, es seien auch einige Äpfel dabei – die würde ich ja wohl für die NSV stiften!

Zwei Wochen waren so vergangen, da wurde mir Besuch gemeldet, mein Schwiegersohn sei da. Er hatte es gut getroffen, daß alle Herren zu Sportübungen fort waren und nur einer dageblieben war, der es ihm erlaubte, mit mir zu reden. Natürlich war der Beamte bei unserer Unterredung zugegen, aber er setzte sich an die Schreibmaschine und beachtete uns nicht weiter. So konnte ich meinem Schwiegersohn August Benzinger, der eigens von Stuttgart hergereist war, berichten, was mir bevorstehe: ein Prozeß wegen Betruges oder die Überführung ins Irrenhaus. Aber er ließ sich dadurch nicht bange machen, er sagte, er würde tun, was er könne, daß ich bald aus der Haft entlassen würde. Zwischendurch schob er mir auch ein paar Tafeln Schokolade zu, die ich schnell in der Tasche verschwinden ließ. Wie mich dieser Besuch freute, kann ich gar nicht sagen. Nun konnten meine Lieben daheim doch etwas Genaueres von mir erfahren. Denn meine Briefe wurden zumeist als »Mist« abgelehnt und nicht befördert.

Früh am andern Morgen kam mein Sachbearbeiter zu mir in die Zelle: »Packen Sie Ihre Sachen zusammen, Sie werden entlassen!« Es sah mir aber gar nicht danach aus, daß ich wirklich entlassen würde. Man ließ mir keine Zeit, den Kragen anzulegen, ich mußte alle meine Sachen, die mir zurückgegeben wurden, in den Karton packen, in dem ich die Decke bekommen hatte, dann hieß es: »Machen Sie schnell!« Draußen stand ein Auto, in das ich geradezu hineingeworfen wurde. Am Steuer saß der Herr Regierungsrat selber, neben ihm der Kommissar. Neben mir hatte ich noch einen Beamten, um zu verhindern, daß ich nicht etwa den vor mir sitzenden Herren etwas antun konnte. Dann ging es los! Wohin? Das wurde mir nicht gesagt. So nahm ich an: nach Buchenwald, dem Konzentrationslager! Aber da die Fahrt länger dauerte, merkte ich: Nein, Buchenwald ist nicht das Ziel. An den Wegzeichen sah ich, daß wir uns Jena näherten. Aha, also war die Nervenklinik in Jena das Ziel! Es dauerte auch nicht lange, da kam Jena in Sicht. Aber wir konnten nicht an die Klinik herankommen, weil eine Straße gerade frisch gepflastert wurde. So ging es hin und her. »Na, da muß man beten«, spottete der Regierungsrat, »daß uns der liebe Gott den Weg zeigt!«

Endlich waren wir da. Der Direktor der Klinik wurde gerufen und die Herren von der Gestapo gaben ihm genaue Anweisung, wie er mich zu behandeln habe. Das merkte ich dann später aus dem Verhör, dem er mich unterzog.

Aber zuerst wurde ich gebadet, gewogen, die Temperatur gemessen, eine Blutprobe gemacht, als ob ich ein wirklicher Kranker wäre. Dann hieß es: »Nun legen Sie sich ins Bett!« Das war wenigstens ein richtiges Bett und nicht so eine elende Pritsche wie in Weimar. Weiter kümmerte man sich nicht um mich. Der Professor fragte nicht nach mir, auch kein anderer von den Ärzten. Nur einmal kam ein jüngerer Arzt zu mir, um mich zu fragen, was ich denn eigentlich für einen Glauben hätte. Als ich ihm das dann auseinandergesetzt hatte, meinte er, das sei ja ein ganz primitiver Glaube. Ich antwortete ihm, wenn er anstatt »primitiv« »kindlich« sage, dann habe er recht, denn ich sei durch Gottes Gnade ein Kind Gottes geworden. Da schüttelte er natürlich über meine Verrücktheit den Kopf.

Zwei Tage war ich in der Klinik, da kam der Rechtsanwalt, den wir öfter in Angelegenheiten der Druckerei Harfe in Anspruch genommen hatten, um mir mitzuteilen, daß er beauftragt sei, mich abzuholen, ich hätte drei Tage Urlaub. Das war eine frohe Botschaft! Ich bekam meine Sachen zurück, die ich in Verwahrung hatte geben müssen – mein Neues Testament hatte man mir hier gelassen –, dann ging es im Auto fort. Unterwegs sagte mir der Abholer: »Ihrer Frau Gemahlin geht es nicht so hundertprozentig gut. Sie ist gefallen und hat sich weh getan.« Aber Genaueres konnte er mir nicht sagen. Es war jedoch schlimmer, als ich nach dieser Eröffnung dachte. Im Dunkeln war sie auf dem oberen Flur der Treppe zu nahe gekommen und war die ganzen achtzehn Stufen hinuntergestürzt, so daß sie unten bewußtlos liegenblieb. Sie hatte einen Bruch des Schlüsselbeins davongetragen und auch eine Gehirnerschütterung. Nun lag sie sehr schwach und elend im Bett. Wenn sie mich auch erkannte und sich über mein Kommen freute, so merkte ich doch nachher, daß mein Besuch kaum in ihr Bewußtsein gedrungen war.

Wie schnell waren die drei Tage um! Dann brachte mich mein Sohn, der gerade auf Urlaub zu Hause war, wieder zurück. Aber es ging wieder ins Bett hinein, da der Professor nicht daran dachte, sich mir zu widmen. Da wurde mir wieder ein Besuch gemeldet. Mein Schwiegersohn Benzinger war wieder gekommen, diesmal mit seiner Frau, und auch mein Sohn war mitgekommen. Ehe sie zu mir kamen, hatten sie mit dem Professor gesprochen und hatten ihn gefragt, wie es mir denn gehe, da hatte er sagen müssen, daß er mich noch gar nicht gesprochen habe! Aber was er ihnen – nach Angabe der Herren aus Weimar – sagte, das war nicht sehr hoffnungsvoll. Das Urteil war gefällt, ehe die Sache untersucht war. Aber kaum waren meine Besucher fort, da wurde ich zum Professor gerufen. Das waren furchtbare Stunden! Er fragte mich, ob mein Vater auch schon geisteskrank gewesen sei, was ich energisch verneinte. Ob meine Geschwister Spuren davon trügen. Nein, der älteste Bruder sei als Landesgerichtspräsident gestorben, der zweite sei der berühmte Maler, meine Schwester sei die Frau eines Großindustriellen, wir seien alle ganz gesund. Ja, aber ich glaubte doch an die Macht des Gebets, und das sei doch Wahnsinn! Als ich ihm sagte, ich hätte die Macht des Gebets in meinem Leben ganz offenbar erfahren, ich sei in jungen Jahren von Arzt und Professor aufgegeben worden, ich sei aber durch das Gebet gesund geworden, da gab es nur ein höhnisches Lachen: dann hatten sich die Herren eben in der Diagnose geirrt! Ungefähr zwei Stunden lang dauerte der Hohn und Spott über das, was mir heilig war, dann wurde ich entlassen. Wenn dieser Mann ein Urteil über mich abgab, dann war mir das Irrenhaus sicher. Das war mir klar.

Aber nun brauchte ich doch nicht mehr im Bett zu liegen, nun durfte ich aufbleiben und mit den andern Kranken reden. Was für ein Elend umgab mich da! »Mir scheint«, sagte mir einmal einer, »Sie sind der Gesundeste von uns allen!« Das war ich auch, der einzig Gesunde unter lauter mehr oder weniger Gestörten. Wie konnte ich ihnen nur einen Dienst leisten? Da verfiel ich darauf, ihnen Geschichten zu erzählen. Das hatte ich auch schon in Weimar getan, wo mir jede religiöse Einwirkung streng untersagt war. Aber Geschichten-Erzählen war mir nicht verboten worden, und so hatte ich ihnen denn wunderbare Bekehrungsgeschichten erzählt, von dem Zuchthäusler August Michel in Weidenau und dem Trinker Hugo Fritsche in Mülheim an der Ruhr, und dort wie hier waren meine Zuhörer ganz Ohr und sagten mir, ich hätte sie einen Blick in eine ganz fremde Welt tun lassen. Gewiß, sagte ich ihnen, aber diese Welt sei auch für sie da, es sei die Welt Gottes, die Welt des Glaubens.

An einem Abend sagte mir einer der jungen Ärzte: »Nun, Sie werden morgen entlassen?« Ich fragte ihn genauer, aber da gab er keine Antwort mehr, ich würde es ja schon erfahren. Wie lang wurde die nun folgende Nacht und der folgende Tag! Aber Stunde um Stunde verging – keine Entlassung geschah! Da endlich, als es schon dämmerig wurde, rief man nach mir. Die Herren aus Weimar seien da, um mich abzuholen! Das also war die Entlassung! Zurück nach Weimar oder nach Pafferode ins Irrenhaus?

Wieder wurde ich ins Auto gesetzt, und dann ging es los mit unbekanntem Ziel. Was für seelische Foltern können doch Menschen einander bereiten! Wieder übergab ich mich dem Willen und Handeln Gottes, sei es für das Leben und Sterben. Es war ja die Zeit, wo die Irrenhäuser von ihren Insassen geleert wurden, weil die damalige Regierung keine unnützen Esser haben wollte. Nun würde meine arme Frau also doch noch die Urne mit meiner Asche bekommen?

Wir fuhren auf den Hof der Gestapo in Weimar. Ich ging auf die Tür des Gefängnisses los. »Nein, dahin kommen Sie nicht wieder!« hieß es. »Also doch ins Irrenhaus!« dachte ich. »Kommen Sie mal mit ins Büro!« Da saß ich wieder in dem Zimmer, in dem ich so manches quälende Verhör durchgemacht hatte. Mein Sachbearbeiter nahm den Hörer vom Telefon. »Der Regierungsrat ist nicht da? Auch nicht der Kriminalrat?« Inzwischen war der Kommissar zum Rat befördert worden. »Nun, dann muß ich es allein machen! Also, Sie werden entlassen.« »Entlassen? So daß ich nach Hause gehen kann?« »Jawohl, entlassen! Es sind Ihnen nur ein paar Bestimmungen auferlegt worden, die wohl nicht lange bestehen bleiben werden. Sie dürfen nicht reden und nicht schriftstellern, und dann dürfen Sie Blankenburg nicht verlassen. Wie gesagt, ich denke, daß das nur ein kurzer Übergang ist. Bitte wollen Sie das eben unterschreiben!« Ich unterschrieb dieses Papier. »Kann ich nun gehen?« »Jawohl, Sie sind frei. Haben Sie denn heute noch eine Möglichkeit, nach Blankenburg zu fahren?« »Jawohl, ich habe um neun Uhr noch einen Zug über Erfurt, der mich um Mitternacht nach Hause bringt.« Er begleitete mich bis zum Tor, dann stand ich mit meinem Karton draußen in der Freiheit.

Mein erster Weg ging zum Postamt, um nach Hause zu telefonieren und meine Ankunft in der Nacht zu melden. Dann ging ich zu dem Prediger unseres Gemeinschafts-Bundes, wo ich ein wenig zu Abend aß und blieb, bis ich zur Bahn gehen konnte. In Erfurt hatte ich lange auf die Abfahrt des Anschlußzuges zu warten. Aber endlich kam er, und schließlich war ich in Blankenburg. Mein Sohn und seine Frau fielen mir auf dem Bahnsteig um den Hals, an der Sperre standen, obwohl der Zug sich sehr verspätet hatte, eine Reihe guter Freunde, die mich wie im Triumph nach Hause geleiteten. Dort fand ich meine Frau, der es durch Gottes Gnade auch wieder besser ging, wenn sie auch noch das Bett hüten mußte.

Und nun gingen Telegramme zu allen Kindern und dann kamen sie alle angereist, um den ihnen wiedergeschenkten Vater zu begrüßen. Das war ein erquickendes und rührendes Zusammensein mit allen Lieben. Es ging wirklich durch Nacht zum Licht. Und dann war ich zum ersten Mal wieder unter Gottes Wort und freute mich mit

Tränen über die Freude der Geschwister der Gemeinschaft, als ich wieder unter ihnen war.

Es ging in diesen Wochen wohl tief hinab; aber ich durfte es doch auch erfahren, was der Psalmist bezeugt: »Und ob ich schon wanderte im finsteren Tal, fürchte ich kein Unglück, denn Du bist bei mir, Dein Stecken und Stab trösten mich.« Fürwahr: Das finstere Tal ist auch ein Stück der rechten Straße, auf der Gott mich geführt hat und führt. Er machte keine Fehler, er macht alles wohl. Gelobt sei sein Name!

Ja, das kann ich beim Rückblick in Wahrheit sagen. In den letzten Jahren war es für meine Frau doch in zunehmendem Maße ein Opfer, mich so oft verreisen zu lassen. Sie konnte meine Briefe wegen ihrer kranken Augen nicht mehr selber lesen und mir auch nicht mehr so schreiben, wie sie früher getan hatte. Da hatte sie meine Post wenigstens angelesen und mir dann ihre Meinung dazu gesagt. Das hatte nun aufgehört. Sie war immer auf fremde Hilfe angwiesen. Ich hätte aber von mir aus nicht die Freudigkeit gehabt, meinen Reisedienst aufzugeben, weil ich das für Untreue Gott gegenüber gehalten hätte. Da griff der Herr ein und gebot mir Feierabend. Nun konnte ich mit gutem Gewissen daheim bleiben und mich meiner Frau mehr widmen, als ich das in all den Reisejahren gekonnt hatte. Das war eine große Freude für sie. So haben wir oft gesagt: Der Herr hat alles wohl gemacht! Und wenn mich jemand fragte nach diesen schmerzlichen Erfahrungen in Weimar und Jena: »Nun, führt er Sie noch auf rechter Straße?« dann konnte ich mit großer Bestimmtheit und Freudigkeit antworten: »Jawohl, er führet mich auf rechter Straße um seines Namens willen.«

Er führt mich – auch im Leid

Die Jahre, die nun folgten, waren in mancher Beziehung schwere Jahre. Die Geheime Staatspolizei ließ mir keine Ruhe. Wie oft kam ein Auto vorgefahren und man sah nach, ob ich auch zu Hause war. Einmal kam mein damaliger Sachbearbeiter, ließ sich meine Diktiermaschine vorführen, die ihn angeblich sehr interessierte, dann erklärte er, ich sei doch ein alter Herr, ich solle mich doch nicht mehr so plagen in meinem Alter, ich solle mir doch mehr Ruhe gönnen. Darum möchte er doch meine Schreibmaschine »sicherstellen«. Er stellte aber nicht nur meine gute und teure geräuschlose Schreibmaschine sicher, er nahm auch meiner Sekretärin die Maschine fort. Dann kam meine Diktiermaschine daran und endlich auch die zweite Diktiermaschine, die ich mir von der Druckerei Harfe geliehen hatte, weil sie dort nicht mehr gebraucht wurde. Alle vier kostbaren Maschinen wurden ins Auto geschleppt und dann ging es fort damit.

Ich dachte an das Wort im Hebräerbrief, wo es heißt, daß sie den Raub ihrer Güter mit Freuden erduldet hätten. Dann dankten wir Gott, daß man »nur« die Maschinen geholt hatte und nicht mich.

Auch die Druckerei Harfe bekam oft Besuch von den Herren der Gestapo, so daß ein ruhiges Arbeiten gar nicht mehr möglich war. So erwog ich allen Ernstes, ob es nicht besser sei, wenn ich aus der Gesellschaft Harfe austräte, um sie nicht zu gefährden. Aber die übrigen Gesellschafter waren damit nicht einverstanden, weil ich doch der einzige noch lebende Gründer der Harfe sei und weil durch meine Arbeit vorwiegend die Harfe das geworden sei, was sie unter dem Segen Gottes sei. So bin ich denn in der Gesellschaft geblieben, obwohl nun inzwischen aus der Gesellschaft mit beschränkter Haftung eine Kommanditgesellschaft geworden war, um den neuen Bestimmungen zu entsprechen. Früher war die Harfe ein Reichgottes-Unternehmen, nun war sie eine kaufmännische Firma geworden, in der ich mich als alter Verkünder des Wortes Gottes nicht mehr recht wohl fühlte.

Schwer war es mir auch, daß nun »Heilig dem Herrn« unter einer anderen Schriftleitung erschien. Die letzte Nummer des Jahres 1940 war fix und fertig von mir geschrieben worden, sie war auch schon gesetzt; aber da mir vom 12. Dezember ab jede schriftstellerische Tätigkeit verboten war, mußte sofort ein neuer Schriftleiter gesucht werden. Pastor Hans Bruns erbot sich, diesen Dienst zu tun. So konnte das Blatt doch wenigstens weiter erscheinen. Aber freilich – das dauerte nicht lange, dann kam die Bestimmung heraus, daß die ganze christliche Presse aufhören müsse zu erscheinen. Nur »Das Evangelische Deutschland« und das Pfarrvereinsblatt blieben am Leben, alle anderen christlichen Blätter mußten sterben. Was war das für ein Verlust für viele, viele Leser, die vielleicht in der Einsamkeit wohnten und keine Gemeinschaft mit anderen Gläubigen hatten, oder die jahrelang mit der Zeitschrift verwachsen waren. Gerade in der schweren Kriegszeit brauchten sie doch so nötig Stärkung und Trost aus dem Wort Gottes, und nun war ihnen diese Möglichkeit abgeschnitten. Dazu kam, daß christliche Schriften und Bücher keine Druckgenehmigung mehr erhielten. So waren die Vorräte bald ausverkauft, ohne daß das Verlangen nach Andachts- und Predigtbüchern befriedigt werden konnte. Was für eine Riesenverantwortung übernahmen damit jene, die dem Volke den Trost und die Kraft nahmen, die sie aus solchen Büchern hätten schöpfen können!

An Arbeit freilich fehlte es mir nicht, wenn mir auch der Dienst in der Öffentlichkeit genommen war. Wie viele Briefe erhielt ich, in denen ich um seelsorgerlichen Rat und Hilfe gebeten wurde! Im Durchschnitt hatte ich täglich etwa 20 Briefe zu schreiben. Da ich nun alles mit der Hand schreiben mußte, war das keine leichte Arbeit – und manchmal konnten die Empfänger meine immer schlechter werdende Handschrift nicht lesen! Mehr Zeit als früher verwandte ich auf die Fürbitte. Dieser Dienst in Seelsorge und Fürbitte nahm meinen ganzen Tag in Anspruch, so daß ich nie über Arbeitslosigkeit zu klagen hatte. Manche kamen auch aus der Ferne angereist, um sich von mir beraten zu lassen.

Zu all diesen Schwierigkeiten und Nöten mehr persönlicher Art kam dann die wachsende Not unseres Vaterlandes. Eine Niederlage folgte der andern. War es nicht so, als ob Gott sagen wolle: Zehn Jahre habe ich euch Frist gegeben, ich habe immer wieder auf Buße und Beugung gewartet und auf Dank – wenn ihr weiter fortfahrt, das Christentum zu bekämpfen, um es womöglich auszurotten, dann ist meine Geduld am Ende. Nun kam das Gericht über das immer mehr von Gott entfremdete und entchristlichte Volk.

Das war wohl schwere Zeit.

Auch uns persönlich traf sie schwer. Unser Schwiegersohn Dr. Ludwig Krüger kam aus Rußland krank zurück. Da er gegen Flecktyphus geimpft war, kam die Krankheit nicht so zum Ausbruch, wie es sonst der Fall gewesen wäre. Acht Monate brachte er bei uns in Blankenburg in Lazarettbehandlung zu, für seine Frau eine schöne Zeit. Aber er war noch nicht ganz geheilt, als er es durchsetzte, entlassen zu werden. Am 2. Dezember 1943 reiste er ab, vom Arzt nur garnisondienstfähig geschrieben. Darum sagte er getrost: »Auf Wiedersehen zu Weihnachten!« Wir ahnten nicht, daß wir ihn zum letzten Mal sahen. Er kam gleich an die Front nach Italien und fiel dort schon am 3. Januar.

Das war eine schwere Nachricht für unsere Tochter, die in glücklichster Ehe mit ihm verbunden gewesen war. Zwei Kinder hatte sie ihm geschenkt und das dritte erwartete sie. Zuerst kam es ihr gar nicht möglich vor, daß der jugendfrische Mann schon lange tot und begraben sei, denn erst am 31. Januar kam die Todesbotschaft. Aber dann half ihr der Herr durch die schwere Zeit, namentlich auch durch die freudige Erwartung seines letzten Vermächtnisses, des erwarteten Kindes, das dann am 5. Juli das Licht der Welt erblickte.

Diesem Leid sollte nach Gottes Rat bald ein anderes folgen. Unsere zweite Tochter Ruth, die als Diakonisse die Haushaltsschule in Dornholzhausen im Taunus leitete, mußte sich ganz plötzlich einer Operation unterziehen, bei der sich krebsartige Wucherungen fanden, die gar nicht alle beseitigt werden konnten.

Mit einiger Mühe erreichte ich die Erlaubnis von der Gestapo, hinfahren zu dürfen, um sie zu besuchen. Es war ein wehmütiges Wiedersehen, als wir, meine Frau und ich, sie auf ihrem Schmerzenslager begrüßten. Aber wir fanden sie in einer wahren Glaubensfröhlichkeit trotz ihres schweren Leidens. Sie war so völlig mit dem Willen Gottes einverstanden, daß sie sagte: »Ob der Herr mich lange leiden lassen will, ob er mich bald abruft oder ob er mich gesund machen will – ich bin mit allem einverstanden!« Wir haben dann auch nach Jakobus 5 über ihr gebetet und sie für das Leben oder Sterben dem Herrn anbefohlen. Dann gingen die Tage des Besuches zu Ende, von denen sie nachher schrieb, sie seien die schönsten ihres Lebens gewesen.

Sie hatte eine schöne Gabe, durch die sie manche Freude bereitet hat: das Dichten.

Wenige Wochen vor ihrem Heimgang schrieb sie eins ihrer letzten Gedichte:

Das bitt ich Dich,
daß Du mir kämpfen hilfst
bis hin zum Sieg!
Denn dies ist ja der Höhepunkt des Lebens,
auf den mein ganzes Dasein hingezielt:
der Augenblick,
an dem Du mir erscheinst
und ich an Deiner Hand
die Schwelle überschreite
der Herrlichkeit.
Nicht weil ich reif und würdig,
bitt ich das –
Kampf fällt mir schwer, das weißt Du, Herr.
Drum nimm Dein schwaches Kind
Du in die Arme
und kämpfe Du für mich,
bis hin zum Sieg!

Das hat Gott getan. Er hat sie durchgebracht bis hin zum Sieg. Von ihren beiden treuen Pflegerinnen, Schwester Irmgard, mit der sie 12 Jahre zusammen die Haushaltungsschule geführt hatte, und Schwester Johanna rührend betreut, schloß sie am 27. Juli ihre Augen für dieses Leben. In Dornholzhausen wurde sie begraben, wo viele es bezeugten, durch sie den Weg zum Glauben an Jesus Christus und zum Frieden mit Gott gefunden zu haben.

Noch war es des Leides nicht genug, das in diesem Jahr 1944 über uns kam. Es kam noch ein neuer, schwerer

Schlag hinzu. Unsere Kinder Benzinger in Stuttgart, die schon zweimal unter dem Bombenterror schwer gelitten hatten, verloren im September ihre ganze Habe. Das Wohnhaus, das Geschäftshaus, die Handelsschule – alles sank in Schutt und Asche unter dem furchtbaren Phosphorregen, der auf die Gegend niederging.

Und doch hatten wir auch in diesem Leid eine Freude. Unser Schwiegersohn schrieb nachher: »Wir halten fest an Römer 8 am Schluß und wissen, daß nichts, aber auch gar nichts uns scheiden kann von der Liebe Gottes, die millionenmal mehr ist als irdischer Besitz.« Dem Herrn sei Dank, der ihnen eine solche Stellung zu dem schweren Geschehen gegeben hat!

Wie es auf dem Grab unserer Tochter Ruth steht: »Er führet mich auf rechter Straße«, so nahm auch unser Schwiegersohn dieses Geschehen als von Gott an und wußte, auch das gehört mit als ein Stück der rechten Straße zum Wege ans Ziel.

Noch einmal kamen für uns bange Stunden und Tage, als wir hörten, daß Emmerich am Niederrhein durch Flieger völlig zerstört sei. Und da war gerade unser Sohn! Da wir längere Zeit keine Nachricht von ihm bekamen, nahmen wir an, er sei unter den Trümmern begraben. Ich schrieb an seinen Hauptmann und fragte an, ob er noch lebe. Da kam ein telefonischer Anruf aus Emmerich: »Bleiben Sie am Apparat, ich verbinde Sie mit Ihrem Sohn!« Also er lebt noch! Es dauerte dann freilich noch eine Weile, bis das Gespräch zustande kam, weil am Niederrhein gerade Fliegeralarm gegeben wurde. Aber dann konnten wir mit ihm sprechen und seine Frau auch, die gerade bei uns war. So konnte sie ihm mitteilen, daß am Abend vorher ihr Vater in Hameln gestorben sei, ob er nicht zur Beerdigung kommen könne. Und er bekam wirklich Urlaub für Hameln, und um seine Frau wieder nach Hause zu bringen, auch für Blankenburg. So stand er plötzlich vor uns, als wir unsere Schwiegertochter abholen wollten, und wir konnten mit tiefem Dank gegen Gott den schon totgeglaubten Sohn in die Arme schließen. So hatte der Herr auch da wieder alles wohl gemacht.

Letzte Wege

Das Jahr 1945 brachte mir zuerst zwei Jubiläen, die aber der Not der Zeit wegen ohne Sang und Klang verliefen. Am 14. Februar beging ich meinen 75. Geburtstag. Das wäre gewiß ein großer Familientag geworden, zu dem Kinder und Enkel hergekommen wären; nun war es ein Tag der Not und der Gefahr. Immer wieder heulten die Sirenen, immer wieder brausten die Flieger über uns hin, die nach Dresden flogen, um diese schöne Stadt zu zerstören.

Am 7. März waren 50 Jahre vergangen, daß ich in Weidenau ordiniert und in mein erstes Pfarramt eingeführt wurde. Da empfand ich wieder besonders schwer das Verbot, nicht reden zu dürfen, das mich nun schon vier Jahre belastet hatte. Wie war es immer meine Freude gewesen, das Wort vom Kreuz zu verkündigen, und nun war ich schon 4 Jahre lang zum Schweigen verurteilt! Was haben sich die Männer von der Gestapo doch für Rechte angemaßt! Was für eine Schuld haben sie durch ihr Willkür-Regiment auf sich geladen! Und wieviel Not haben sie dadurch über unser armes Volk gebracht!

Die ersten Aprilwochen waren schwer. Bei Tag und bei Nacht gab es keine Ruhe mehr.

Am 12. April wurde unsre Stadt Blankenburg besonders bedroht. Die Amerikaner rückten heran. Da wurden die beiden Schwarzabrücken gesprengt, die eiserne Eisenbahnbrücke und die steinerne Straßenbrücke. Wie sinnlos war das. Die Amerikaner dachten ja gar nicht daran, unsere Eisenbahn zu benutzen. Ihre Truppen waren ja alle motorisiert. Aber diese Sprengungen richteten ungeheure Schäden in der Stadt an. Fast kein Schaufenster blieb heil, die Post, unsre Druckerei Harfe, alle Gebäude in der Nähe wurden schwer beschädigt. Auch unser Haus hatte Fenster- und Dachschäden. Gegen Abend schossen die Amerikaner etliche Granaten in die Stadt, dann trat bald Ruhe und Stille ein. Es wurde verhandelt, und dann die zur Lazarettstadt erklärte Stadt kampflos übergeben.

Nun waren wir in Feindeshand. Nun gehörten wir zum besetzten Gebiet. Da dachten wir daran, daß auch Jesus sein Leben im besetzten Gebiet zugebracht hat, daß er auch darum Bescheid weiß, wie einem Menschen im besetzten Gebiet zumute ist. Keine Lage, die Ihm fremd wäre!

Zum ersten Mal konnten wir in dieser Nacht in Ruhe zu Bett gehen. Es würde keine Sirene mehr heulen und keine Bombe mehr fallen. Aber es war doch ein wehes Gefühl, das wir in unserem langen Leben noch nicht kennengelernt hatten, nun in Feindeshand zu sein!

Für den 15. April hatte die Evangelische Allianz in Deutschland einen Gebetstag ausgeschrieben. Wir hielten den Gebetstag, aber wir machten einen Bußtag daraus. Die Bitten des Vaterunsers, die zur Betrachtung vorgeschlagen waren, dienten uns dazu, Einkehr bei uns selber zu halten und uns zu fragen: Haben wir denn in Deutschland den Namen Gottes geheiligt? Ist er nicht viel mehr verschmäht und gelästert worden? Ist das nicht der tiefste Grund unseres Zusammenbruchs, unserer katastrophalen Niederlage, daß wir uns als Volk von Gott abgewendet haben? Wenn uns aus der Not oder in der Not noch eine Hilfe werden soll, dann müssen wir zurück zu dem verachteten Gott und zu dem gelästerten Heiland!

Das waren die Gedanken, die sich mir schwer auf die Seele legten. Und – zum ersten Male durfte ich sie öffentlich aussprechen. Denn die amerikanische Militärregierung hatte bekanntgemacht, daß alle Bestimmungen der Geheimen Staatspolizei in den besetzten Gebieten aufgehoben seien. Darum baten mich Geschwister unserer Gemeinschaft, ich möchte doch nun wieder das Wort nehmen. So habe ich denn an diesem Tag, dem 15. April zum ersten Mal wieder das Wort Gottes verkündigt, nach viereinhalb Jahren. Was das für mich bedeutete, könnte nur der ermessen, der selber so etwas erlebt hat. Was war dieses aufgezwungene Schweigen für eine schwere Last, ja, manchmal geradezu für eine Qual! Nun war dieses Schweigen zu Ende! Nun durfte ich wieder reden, predigen und reisen!

Wie oft habe ich seitdem hier in unserer Gemeinschaft und auch in unserer Stadtkirche das Wort Gottes verkündigt! Und zwar mit noch viel größerer Freude als vordem.

Und als es wieder Bahnverkehr gab, da wurde ich auch von unseren Gemeinschaften in Thüringen eingeladen, und ich bin gern diesen Einladungen gefolgt. Was war das immer wieder für eine Freude, nach den Jahren der Trennung die lieben alten Gesichter wiederzusehen und ihnen das Wort des Lebens zu sagen! Gewöhnlich reiste ich am Sonnabend hin, hielt dann am Abend eine Versammlung für die Mitglieder, meist mit nachfolgender Abendmahlsfeier. Dann hielt ich am Sonntag die Predigt in der Kirche, die immer bereitwilligst überlassen wurde, sprach auch am Nachmittag noch einmal in der Kirche und am Abend dann noch im Gemeinschaftssaal. So wurde der Tag immer gut ausgenutzt, und Gott bekannte sich zu dem Wort, daß es nicht leer zurückkam.

Nun war auch das Verbot der Schriftstellerei hinfällig geworden. In der Schweigezeit hatte ich zwei Jahrgänge Predigten geschrieben, die ich im Familienkreis an den Sonntagen vorgelesen hatte, denn auch da durfte ich nicht frei reden. Einige dieser Predigten konnten bald in Druck gehen.

Am Ziel

von Alfred Modersohn

Bis hierher hatte unser Vater selber geschrieben. Dann schenkte Gott ihm noch zwei Jahre, die er durch mancherlei Dienst in Kirchen und Gemeinschaften und auf Freizeiten unermüdlich ausgenutzt hat. Er rechnete immer damit, daß Gott ihm die vier Jahre Schweigezeit zulegen würde. Und diese Gnadenzeit wollte er so gut wie möglich auskaufen.

Auf seine Veranlassung konnte im August 1947 nach neunjähriger Pause wieder eine Blankenburger Konferenz stattfinden, die sich eines sehr guten Besuchs erfreute. Da die andern Redner in letzter Minute absagten und wegen Raummangels Parallelversammlungen gehalten werden mußten, hatte unser Vater mit Pastor Funk, Zwickau, zusammen je sechsmal zu reden an diesem einen Tag. Das konnte er trotz seines Alters in großer Frische tun.

Am Sonntag, dem 25. Januar 1948, reisten unsere Eltern zusammen nach dem benachbarten Saalfeld, wo unser Vater in der Gemeinschaft über Jaebez (1. Chronik 4,10) sprach. Gerade am Beginn eines Jahres wünscht man sich Glück und Segen und denkt dabei im allgemeinen nur daran, daß es einem gut gehen möge. Doch hier wird darauf hingewiesen, daß es Segen nicht nur auf Höhenwegen, sondern auch im tiefen Tal gibt. Und gewöhnlich ist der Segen aus der Tiefe nachhaltiger. – Am Nachmittag wies er darauf hin, daß jeder prüfen solle, ob sein Glaube auf Sand oder auf dem Felsen Jesus Christus gegründet sei. Nur so können wir in den Stürmen des Lebens standhaft bleiben.

Keiner ahnte, daß das sein letzter Dienst sei, den unser Vater noch in auffallender Frische, Freude und Vollmacht getan hatte.

Am folgenden Tage erledigte er noch viel Post und reichte einer schwerkranken Freundin des Hauses das Abendmahl. Der Heimweg von diesem Krankenbesuch fiel ihm schon sehr schwer. Am Dienstag konnte er nicht mehr aufstehen, weil er sich plötzlich sehr matt und elend fühlte. Der hinzugezogene Arzt stellte ein Krebsleiden fest, das wunderbarerweise erst im letzten Stadium in Erscheinung trat. Als der Arzt am Sonntag eine Spritze zur Stärkung des Herzens geben wollte, wehrte er ab und hauchte mit letzter Kraft kaum hörbar: »Laßt mich nach Hause gehen!«

In der Frühe des 2. Februar – kurz vor Vollendung seines 78. Lebensjahres – hat der Herr dann seinen treuen Diener in die obere Heimat abberufen.

Schon in früheren Jahren hatte unser Vater seinen Freund Pfarrer Rektor Woeckel vom Mutterhaus »Hensoltshöhe« in Gunzenhausen gebeten, ihm den letzten Liebesdienst zu tun. Wie dankbar waren wir, daß er es möglich machen konnte, zu uns zu kommen. Er legte seiner Predigt die Worte zugrunde:

2. Samuel 3,38: Wisset ihr nicht, daß auf diesen Tag ein Fürst und Großer gefallen ist in Israel?

Psalm 23,3: Er führet mich auf rechter Straße um seines Namens willen.

Die Trauerfeier fand unter großer Anteilnahme vieler Freunde und Geschwister in der Kirche statt, die weit überfüllt war. In seiner Predigt schilderte Pfarrer Woeckel unsern Vater zuerst als Menschen, wobei er auf seine äußere und innere Entwicklung hinwies, dann als Zeugen, der nur eine Aufgabe kannte, Menschen für den Glauben an Christus zu gewinnen – das war der Inhalt seiner Verkündigung in Wort und Schrift –, schließlich als Seelsorger von Gottes Gnaden, weil er stets aus dem Heiligtum kam und ins Heiligtum führte, und ferner als Haus- und Familienvater, der bei all seiner Arbeit immer Zeit für seine Kinder und Enkel hatte und sie für Christus erzog, daß sie alle in seiner Nachfolge stehen.

Sehr schnell eilte die Kunde von dem so plötzlichen Heimgang durch die Lande. Aus allen fünf Erdteilen kamen teilnehmende Briefe und Nachrufe.

Noch über sein Grab hinaus kann unser Vater durch sein Schrifttum Segen vermitteln. Viele Bücher gehen von Hand zu Hand und werden immer wieder gelesen, andere können neu erscheinen oder werden neu aufgelegt. Eine Aufstellung ergab, daß er 260 verschiedene Bücher und Broschüren geschrieben hat mit rund 18000 Druckseiten. Hierbei sind die Zeitschriften »Heilig dem Herrn« und »Der Weg zum Glück« und die verschiedenen Traktate nicht mit aufgeführt. Bis zu seinem Tode wurden seine Bücher in einer Auflage von 3 1/2 Millionen verbreitet, 50 Bücher wurden in andere Sprachen übersetzt.

Bald nach dem Heimgang unseres Vaters mußte sich auch unsere Mutter wegen einer schweren Erkrankung legen. Auch noch während ihrer Krankheit blieb sie uns ein Vorbild. Immer wieder stärkte sie sich und uns an dem Wort aus Psalm 138,3: »Wenn ich dich anrufe, so erhörst du mich und gibst meiner Seele große Kraft.« Dann pflegte sie hinzuzufügen: »Unser Vater sagte immer: ›Wenn Gott gibt, brauchen wir nur zu nehmen. Deswegen nimm!‹« Und sie nahm diese große Kraft in Anspruch und wurde erquickt, und auf dem so schmerzhaften Krankenlager kam nie ein Wort der Klage über ihre Lippen. Schnell eilte der himmlische Meister auch mit ihr der Heimat zu. Als am Abend des 4. August die Gebetglocke läutete, war auch sie am Ziel.

Ich schließe mit Losung und Lehrtext des Beerdigungstages unseres Vaters, was wir als Geschenk Gottes für diesen Tag empfanden:

»Meine Seele müsse sterben des Todes der Gerechten, und mein Ende werde wie dieser Ende.« 4. Mose 23,10

Zeuch uns nach dir nun für und für
und gib, daß wir nachfahren dir
in dein Reich und mach uns gleich
den auserwählten Scharen.

»Selig sind die Toten, die in dem Herrn sterben, von nun an. Ja, der Geist spricht, daß sie ruhen von ihrer Arbeit; denn ihre Werke folgen ihnen nach.« Offenbarung 14,13

Gott der wird's wohl machen,
gnädig bei dir wachen,
will dein Stündlein nah'n.
Wenn die Lebensjahre
eilen zu der Bahre,
führt Er himmelan.

Gottes Bund
hat festen Grund;
alle, die in Christo sterben,
sind des Himmels Erben.

Reden und Handeln im Einklang

von Marie-Luise Wortmann, geb. Modersohn

Man beobachtet in der Jugend mit scharfen Augen, aber bei meinem Vater habe ich nie etwas bemerkt, was in seinem Leben mit dem, was er sagte oder schrieb, nicht übereinstimmte. Ich spürte, daß es ihm in allen Dingen um die Ehre Gottes ging. Niemals suchte er eigene Ehre oder geldlichen Gewinn.

Es war nicht immer leicht, als Kind in einem Elternhaus zu leben, dessen Vater so bekannt war, der so viel über Kindererziehung redete und schrieb. Ich erinnere mich, wie mein Vater einmal, als ich ungehorsam gewesen war, mich auf 1. Timotheus 3,3 hinwies: »Ein Bischof soll seinem Hause wohl vorstehen und gehorsame Kinder haben.« Er sagte mir, wenn wir Kinder nicht gehorsam seien, müßte er sein Amt niederlegen; und es war ihm damit ernst.

Ein Kind in einem solchen Elternhaus kommt leicht in einen Zustand innerer Zwiespältigkeit: Um dem Vater, den es so liebt, keine Schande zu machen, gibt es sich vor den Leuten »frömmer«, als es tatsächlich ist.

Später aber wurde ich dankbar für das Vorbild des lauteren, echten Christen, das ich in meinem Vater hatte. Er nahm nicht nur seine eigene Nachfolge ernst, sondern wir spürten, wie todernst es ihm war, daß wir Kinder beizeiten den Weg in die Nachfolge Jesu fänden. Menschen zu Jesus zu führen, war das Ziel, das er nie aus den Augen gelassen hat.

Doch bei allem Ernst, wie humorvoll konnte er sein! Daß meine Jugend voll schöner Erinnerungen ist, verdanke ich diesem Humor meines Vaters und seiner Fröhlichkeit.

Vorbildlich im Schriftverkehr

Manchmal allerdings seufzte er, wenn ihm zweimal täglich ein Packen von rund zwanzig Briefen auf den Schreibtisch gelegt wurde. Dieser nie abreißende Brief-Strom hat ihn oft bedrückt. Und doch hat er jeden Brief beantwortet, jeden! Selbst wenn es sich nicht um wichtige Fragen handelte, sondern nur darum, einem einsamen Menschen, der gern einen Brief schreiben und auch bekommen wollte, in väterlicher Art liebevoll zu antworten.

Damals meinte ich, das wäre immer so. Später habe ich erfahren, wie wenig selbstverständlich es ist, daß ein vielbeschäftigter Seelsorger alle Briefe beantwortet, die er bekommt. Aber Vater nahm sich liebevoll Zeit dazu.

Ich wundere mich jetzt, wie er alles bewältigen konnte: Für sein Wochenblatt »Heilig dem Herrn« mußten wöchentlich sechzehn Druckseiten fertiggestellt werden, daneben schrieb er das vierseitige Verteilblatt »Der Weg zum Glück«. Wochenlang war er unterwegs, wenn er Evangelisationen, Bibelwochen oder Freizeiten zu halten hatte. Er schrieb mehr als hundert Bücher; dazu kam noch der Schriftwechsel.

Tierfreund und Pflanzenkenner

Trotzdem fand er Zeit für die Familie, für uns Kinder. Was für eine Freude waren die Spaziergänge mit ihm! Er kannte jeden Käfer, jeden Schmetterling. Er ließ uns eine große Kiste machen, in der wir mit Erde, Steinen und Pflanzen eine kleine Landschaft aufbauten, in die wir allerlei kleine Tiere setzten, um sie durch den Glasdeckel zu beobachten.

Ich war etwa neunjährig, als er mit mir auf den Schwarza-Wiesen Grillen fing, die wir dann beobachteten. Ich sehe noch in Gedanken die Karte vor mir, die mir meine Schulfreundin Carlota aus ihren Ferien schrieb: »Fängst du immer noch Grillen?«

Welchen Spaß machte es, mit Vater »in die Pilze« zu gehen! Er kannte jeden Pilz, und ich sehe noch sein strahlendes Gesicht, wenn er in den Wäldern Thüringens eine schöne Pilzkolonie entdeckte.

Halt und Trost in schwerer Zeit

Es kam der Krieg, es kam die Zeit seiner Gefangenschaft im Nazi-Gefängnis. Es kam sein Rede-, Schreib- und Reiseverbot. Ich habe es damals nie wirklich verstanden und mitgefühlt, wie unendlich schwer es für ihn war, nicht mehr für seinen Herrn reisen und predigen zu können.

Aber auch in diesen schweren Jahren bewährte er sich als Christ. Nie kam eine Klage über seine Lippen. Wenn ich die Worte des Paulus lese: »Ich habe gelernt, in jeder Lage mir genügen zu lassen . . . Alles vermag ich in dem, der mich stark macht, Christus«, dann denke ich an meinen Vater. Die Freude am Herrn war tatsächlich seine Stärke, so daß er uns allen damals Halt und Trost war.

Kurz vor seinem Heimgang, als niemand von uns ahnte, wie krank er war, sagte er zu mir, die ich als Witwe mit drei kleinen Kindern bei den Eltern wohnte: »Bekümmere dich nicht, ich werde für dich sorgen.« Er hat dieses Wort wahr gemacht, noch über seinen Tod hinaus.

Ich lebte mit meinen drei Kindern nach dem Tod meiner Eltern allein in Thüringen und betete, der Herr möge uns einen Ausweg zeigen. Zwei Brüder Wortmann in Südafrika, die meinen Eltern Liebesgabenpakete geschickt hatten, schickten sie nach deren Tod an mich. Einer von ihnen, Fritz Wortmann, hatte 1946 durch das Lesen von »Heilig dem Herrn«, das ein Nachbar ihm gab, den Weg zu Jesus gefunden. Um ihnen für die Pakete zu danken, schickte ich ihnen die damals neuaufgelegte Selbstbiographie meines Vaters »Er führet mich auf rechter Straße«. Fritz Wortmann las auf Seite 362, daß ich, die jüngste Tochter meiner Eltern, im Krieg meinen Mann verloren hatte und mit meinen drei Kindern bei meinen Eltern wohnte. Es wurde ihm klar: Ich muß hier helfen.

Es war am 12. Februar 1951. Ich saß in meiner Wohnküche und las die eben angekommene Post. Ich erhielt auch einen Brief von Fritz Wortmann, in dem er schrieb, er komme mit einigen Freunden nach Deutschland und würde gern jemand aus der Familie meines Vaters kennenlernen.

Als ich diesen Brief las, wurde es mir plötzlich klar, so als ob jemand es laut ausgesprochen hätte: »Dies ist der Weg. Du mußt Fritz Wortmann heiraten und nach Südafrika gehen.« So kam es dann auch.

Vorher gab es manche Hindernisse zu überwinden, bis der Weg zur Ausreise frei war. Schließlich fehlte mir noch der Paß. Um ihn zu bekommen, mußte ich von meinem Heimatort in Mitteldeutschland ein Leumundszeugnis vorlegen. Aus meinem Heimatort kam aber der Bescheid, ein solches Zeugnis würde man mir nicht ausstellen, da ich heimlich über die Grenze gegangen sei. Ohne dieses Zeugnis aber bekam ich keinen Paß. Es schien aussichtslos.

Eines Tages, als wir wieder zur Paß-Stelle kamen, empfing mich der Beamte mit den Worten: »Ja, gute Frau, hätten Sie doch sofort gesagt, daß Sie eine Tochter von Ernst Modersohn sind, dann hätten Sie Ihren Paß in fünf Minuten bekommen.«

Die ersten Jahre in dem mir so fremden Südafrika waren nicht immer leicht, aber keinen Augenblick ist es mir fraglich geworden, daß es Gottes Weg für mich war. Nächst Gottes guter Hand verdanke ich ihn dem Buch meines Vaters. Wie freue ich mich immer, wenn ich hier, so fern der alten Heimat, Menschen begegne, die den Namen meines Vaters kennen und ihm viel zu verdanken haben! Es ist ein unverdientes Vorrecht, daß ich das Vorbild eines echten Christenlebens vor Augen haben konnte.